Mi nombre es Camila Antonia Amaranta Vallejo Dowling. Vengo de aquellos lugares de los cuales poco y nada se dice, porque poco y nada se sabe. Y vengo a luchar.

Basta de aplicar mecanismos de ingreso a la educación superior que segregan a los pobres; basta de subestimar disciplinas o de erigir a la universidad en una empresa lucrativa que desangra las economías familiares; basta de promover la apatía, el individualismo y la competencia profesional.

Exigimos que la educación se reconozca como derecho social universal ante el cual el Estado debe responsabilizarse y aumentar el financiamiento público a las universidades estatales. Buscamos la democratización del conocimiento al servicio de la comunidad y no de la rentabilidad privada.

Nuestro reclamo no se queda en las aulas. Trasciende sus ventanas para transformar el mundo.

CAMILA VALLEJO DOWLING (Santiago de Chile, 1988). Dirigente estudiantil chilena. Militante de las Juventudes Comunistas de Chile. Presidenta de la Federación de Estudiantes de la Universidad de Chile (FECh) entre 2010 y 2011, cargo que, antes que ella, solo había ejercido otra mujer en toda la historia de la organización.

Camila Vallejo vivió su infancia entre las comunas santiaguinas de Macul y La Florida. En 2006 entra a estudiar Geografía en la Facultad de Arquitectura y Urbanismo de la Universidad de Chile. Allí ejerce cargos como consejera y vicepresidenta del Centro de Estudiantes de Geografía. En noviembre de 2010 es elegida presidenta de la FECh, donde representó al colectivo Estudiantes de Izquierda, que agrupaba a las Juventudes Comunistas, independientes y a otros grupos de izquierda.

Durante el 2011 se transformó en una de las voceras y líderes del movimiento estudiantil que ha buscado transformar radicalmente el sistema educativo chileno con la movilización de cientos de miles de personas durante meses de protesta. Las principales demandas de este movimiento (fortalecimiento de la educación pública, fin al lucro educativo, gratuidad de la educación superior, mejoramiento de la equidad y calidad de la educación) han tenido un alto apoyo tanto en Chile como en el extranjero, razón por la cual ha visitado países como Brasil, Francia, Bélgica y Suiza.

Podemos cambiar el mundo

Camila Vallejo

una editorial latinoamericana

ISBN: 978-1-921700-47-7

Library of Congress Control Number: 2011943658

Primera edición, 2012

Impreso en Chile por Worldcolor

PUBLICADO POR OCEAN SUR

OCEAN SUR ES UN PROYECTO DE OCEAN PRESS

México:	Orión 145-PB, Prado Churubusco Coyoacán, 04200, México D.F.
	E-mail: mexico@oceansur.com • Tel: 52 (55) 5421 4165
EE.UU.:	E-mail: info@oceansur.com
Cuba:	E-mail: lahabana@oceansur.com
El Salvador:	E-mail: elsalvador@oceansur.com
Venezuela:	E-mail: venezuela@oceansur.com

DISTRIBUIDORES DE OCEAN SUR

Argentina: Distal Libros • Tel: (54-11) 5235-1555 • E-mail: info@distalnet.com
Australia: Ocean Press • E-mail: info@oceanbooks.com.au
Bolivia: Ocean Sur Bolivia • E-mail: bolivia@oceansur.com
Canadá: Publisher Group Canada • Tel: 1-800-663-5714 • E-mail: customerservice@raincoast.com
Chile: Editorial La Vida es Hoy • Tel: 2221612 • E-mail: lavidaeshoy.chile@gmail.com
Colombia: Ediciones Izquierda Viva • Tel/Fax: 2855586 • E-mail: edicionesizquierdavivacol@gmail.com
Cuba: Ocean Sur • E-mail: lahabana@oceansur.com
EE.UU.: CBSD • Tel: 1-800-283-3572 • www.cbsd.com
El Salvador: Editorial Morazán • E-mail: editorialmorazan@hotmail.com • Tel: 2235-7897
Gran Bretaña y Europa: Turnaround Publisher Services • E-mail: orders@turnaround-uk.com
Guatemala: ANGUADE • Tel: (502) 2254 0880 • Fax: (502) 2254 0097
    • E-mail: sandino.asturias@ceg.org.gt, ceg@ceg.org.gt
México: Ocean Sur • Tel: 52 (55) 5421 4165 • E-mail: mexico@oceansur.com
Paraguay: Editorial Arandura • E-mail: arandura@hotmail.com
Puerto Rico: Libros El Navegante • Tel: 7873427468 • E-mail: libnavegante@yahoo.com
Uruguay: Orbe Libros • E-mail: orbelibr@adinet.com.uy
Venezuela: Ocean Sur Venezuela • E-mail: venezuela@oceansur.com

ocean
sur

www.oceansur.com
www.oceanbooks.com.au
www.facebook.com/OceanSur

Índice

Nota editorial   1

Hay que seguir dando la batalla
Entrevista a Camila Vallejo   5
Francisco Herreros

Columnas y discursos
Algunos desafíos   51
Discurso en la asunción de la presidencia
de la Federación de Estudiantes
de la Universidad de Chile   55
La PSU como mecanismo de exclusión   64
¿Y cuál es la revolución educativa?   68
Hacia el XVI Congreso Latinoamericano
y Caribeño de Estudiantes   73
La Universidad de Chile y el fortalecimiento
de la democracia, ¿cumple la Casa de Bello
sus objetivos misionales?   77
Trabajos Voluntarios FECh   89
A propósito de la aprobación de la Termoeléctrica
Castilla, o cómo el dinero termina tomando

la última palabra   94

Ante la respuesta del gobierno y del ministro Lavín
   a nuestras demandas   97

El diálogo inútil de Lavín   100

Hasta cuándo tenemos que esperar   105

Hacia la razón del pueblo, Eichholz   109

Hacia un país más alegre y menos desigual   113

¿Qué es lo que ya cambió en Chile?   117

Rompiendo con los mitos del neoliberalismo   120

Cuál es la demanda, dónde está
   el verdadero conflicto y por qué   124

Nota editorial

El libro *Podemos cambiar el mundo* es una recopilación de entrevistas, columnas y discursos —muchos de ellos inéditos— de una de las dirigentes estudiantiles más influyentes en la última década en América Latina y el mundo: Camila Vallejo.

Durante su período como presidenta de la Federación de Estudiantes de la Universidad de Chile (FECh) y representante de la Confederación de Federaciones de Estudiantes de Chile (CONFECh), entre 2010 y 2011, el rostro, la voz y el pensamiento de Camila Vallejo se convirtieron en la carta de presentación internacional del movimiento contra el aumento de la mercantilización de la educación en Chile, al tiempo que ella se erigía en una de las líderes con el futuro más prometedor de la joven generación de luchadores sociales y políticos de izquierda que hoy emerge en América Latina.

A pesar de su juventud, o gracias precisamente al ímpetu y la pasión que le imprimen sus veintitrés años a su carisma auténtico y su gran lucidez política, Camila ha captado la mirada de sobresalientes medios de prensa nacionales e internacionales entre los que se destacan el diario británico *The Guardian* y la revista *Time*. Como militante de las Juventudes Comunistas ha ayudado a instalar en el centro de la sociedad debates que el sistema neoliberal impuesto en Chile y en Latinoamérica desde finales del siglo XX ha ocultado durante décadas: el rol público de las universidades, el sentido del conocimiento en la sociedad actual y la orientación de la educación.

Por estas razones el presente volumen constituye un instrumento fundamental para comprender el proceso de transformaciones sociales que los estudiantes chilenos han realizado durante el año 2011 y que, parafraseando a la propia Camila, ha superado las limitaciones del economicismo y ha adquirido un espíritu y conciencia de real transformación, movilizando a millones de personas en Chile y América Latina en la búsqueda de una educación pública, gratuita y de calidad. De esta manera, *Podemos cambiar el mundo* deviene una fuente esencial para la comprensión de los movimientos sociales y las luchas políticas actuales por derrotar el sistema imperante y generar transformaciones radicales que permitan establecer los cimientos para la construcción de un sistema social más justo y equitativo que el actual.

Con la publicación de *Podemos cambiar el mundo*, Ocean Sur y La Vida es Hoy ofrecen a sus lectores información de primera mano sobre una lucha que trasciende el ámbito de la educación y las fronteras de Chile, porque es una lucha social y política contra las fuerzas de la derecha latinoamericana, no solo chilena, que junto al imperialismo norteamericano tratan de iniciar un nuevo ciclo de concentración de la riqueza y aumento de la exclusión social, en la región del mundo donde hay mayor desigualdad entre ricos y pobres.

Las vivencias de Camila serán de gran interés y utilidad para los movimientos sociales, social-políticos y políticos de izquierda de América Latina y otras regiones, para los científicos sociales que estudian el presente y otean el futuro, y para todas las personas convencidas de que aún es posible y necesario cambiar el mundo.

Los editores

Hay que seguir dando batalla

Entrevista a Camila Vallejo

Hay que seguir dando la batalla
Entrevista a Camila Vallejo

Francisco Herreros

Ya conocemos la conclusión del trámite parlamentario de la Ley de Presupuesto 2012. Quisiera pedirte un balance desde la perspectiva del movimiento estudiantil.

A grandes rasgos, nos sentimos orgullosos del movimiento que se ha levantado este año, no solo fruto de nuestra propia iniciativa como estudiantes universitarios y secundarios, sino porque mucha gente se ha integrado a él y ha logrado a través de esa mayoría, de esa convergencia, y de esa radicalidad en las propuestas, hacer un cuestionamiento de fondo al actual modelo, ya no solamente en el ámbito de la educación, sino a nivel de desarrollo en general; de un modelo de desarrollo que produce desigualdad en la educación y en otras áreas. Eso ha permitido que la gente recobre la esperanza; o sea, aquí hay gente que se está cuestionando y participando, que se está moviendo en función de transformaciones grandes, estructurales, que nos benefician a todos. Ese logro, esa conquista, todavía incipiente pero que muestra un cambio cultural en la gente, es sumamente positivo. En todo proceso de avance de un movimiento social, el plano subjetivo es muy importante: el cambio de la percepción ante la realidad, de nuestra capacidad para cambiarla o no, es fundamental. Entendemos que lo que estamos planteando difícilmente será posible alcanzarlo en el marco de la actual institucionalidad, y menos con un gobierno de derecha. Es como exigirles cambios a los más férreos defensores de ese modelo que tú quieres destruir. Y también entendemos, con madurez política, que esto significa un desafío mayor. El presupuesto de educación refleja que tenemos una institucionalidad que no sirve para lo que estamos pidiendo, ni para encauzar una opinión mayoritaria. Primero, porque tenemos una Constitución política heredada de la dictadura, un Parlamento binominal, que no es representativo ni tiene las facultades ante el Ejecutivo, que es de derecha y, en verdad, es el que «corta y pincha». Entonces, lo que tenemos como resultado del trámite de la Ley del Presupuesto es un presupuesto que no representa lo que hemos señalado con siete meses de movilizaciones.

Durante siete meses ustedes entraron en determinadas interacciones con el gobierno, pero a la hora de los hechos —vale decir, el trámite de la Ley de Presupuesto—, la postura del gobierno estuvo muy por debajo de lo que les había ofrecido…

Nosotros siempre hemos entendido que el movimiento social no toma las decisiones. Quienes toman las decisiones son el Ejecutivo o el Parlamento. No somos ingenuos ni ignorantes. Conocemos cómo funciona el sistema político, por más que lo cuestionemos y consideremos que no es legítimo ni representativo. Sabemos a qué nos enfrentamos. Ante esa situación teníamos que interpelar, teníamos que instaurar el espacio de discusión donde se resolviera en alguna otra forma el conflicto. El problema está en que tampoco esperábamos que el gobierno fuera tan intransigente; aunque sea un gobierno de derecha, esperábamos al menos una mínima voluntad. Es el primer gobierno de derecha después de la vuelta a la democracia, y podría haber apostado por generar mayor popularidad y respaldo social para legitimarse. No aprovechó las circunstancias; por el contrario, lo que hizo fue mantener siempre la propuesta inicial con un poco más de recursos, o bajar la tasa de interés, pero siempre manteniendo el esquema de financiamiento, siempre manteniendo la estructura. Eso, obviamente, descolocó y provocó un cierto grado de frustración en el pueblo, pero también lo desgastó, en el sentido de que surgieron las interrogantes de para qué sirve ir a dialogar con el ministro, para qué ir a dialogar con gente que mantiene su postura intransigente, que, además, representa un porcentaje mínimo, y que no cambia ni cede, porque da por hecho que no va a poder tener mayor desaprobación.

Ese desenlace evidentemente obliga a la continuidad del movimiento. Las reglas de la política establecen que, cualquiera que sea el conflicto, las partes al menos se escuchan y algún nivel de intercambio se establece. En lo personal, nunca había visto un gobierno tan autista ante un movimiento que alcanzó dimensión mundial. ¿Crees que se deba a la sobreideologización neoliberal adquirida en sus post títulos en universidades norteamericanas? ¿Qué sentiste cuando el ministro Bulnes señaló que este es el mayor presupuesto de educación en la historia?

Nosotros nos dimos cuenta de que enfrentábamos a un gobierno de derecha. Sin embargo, incluso dentro de la derecha hay gente más republicana, que entiende la importancia de la educación pública y tiene un pensamiento más abierto, que entiende que no se trata solamente de Estado o mercado, sino que lo que es patrimonio de todos es necesario potenciarlo: el pluralismo, el desarrollo del conocimiento en la educación en pos de una formación integral. Hay pequeños sectores de la derecha que logran entender eso. Pero la gran mayoría es una derecha vacía de contenido, que defiende de manera intransigente una ideología también vacía. Eso explica el monólogo de Piñera: «Estamos por mejorar el acceso, la calidad y el financiamiento de la educación», solo con algún aumento de recursos. Nunca llegó a profundizar en cuanto a las ideas, y por eso no han ganado; pero como tienen el monopolio comunicacional y el poder, simplemente se imponen. Nosotros lo evidenciamos en las reuniones; tratamos de ir a un diálogo más a fondo, político, de cómo logramos una mejor sociedad a través de esta educación que estamos tratando de recuperar, y nos frustraba la misma respuesta, siempre. No es porque uno sea comunista o de ultraizquierda sino que otros sectores también reclamaban lo mismo. Me acuerdo de Giorgio que, en alguna reunión, también se desesperaba, aunque él es de los más moderados, que siempre trata de generar acuerdos y diálogo. De todos los sectores, era el que se frustraba más profundamente, porque sentía que no había forma de hacer que el gobierno escuchara. Lo que decíamos entraba por un oído y salía por otro, si es que entraba. Era como de repente encontrarse con un murallón; era difícil, muy difícil. Por esta razón había desconfianza de poder levantar una mesa; o sea, no exactamente de levantarla, sino de que pudiera llegar a buen puerto, puesto que de antemano sabíamos que era complejo que ellos entendieran la situación por la cual estaba pasando el país, lo que nosotros estábamos proponiendo y el sentido real que tenía esto. Sin embargo, a pesar de todo, hicimos el esfuerzo, y vimos que no resultó.

Otra característica saliente de este gobierno es su propensión a conju-
gar la realidad en función del discurso. ¿Qué sentiste cuando, después
de siete meses, un ministro como Chadwick dijo que no entendía por
qué los estudiantes están en la calle, o cuando la señora de Piñera reco-
noce que eres una líder potente, pero con ideas viejas?

Son estrategias comunicacionales que responden a un profundo conflicto de intereses. ¿Por qué se mantienen tan firme-
mente en ese discurso tan básico, tan repetitivo, y que trata de
deslegitimar nuestras posiciones? Siempre lo mismo, desde
hace muchos meses, de manera invariable. Es porque están
convencidos de que tienen que resguardar a toda costa y a
cualquier costo los intereses que han conseguido a través de
su política económica, en este ordenamiento de poder a nivel
nacional. Ceder en la demanda educacional que plantea reformas estructurales y un cuestionamiento profundo también a
la lógica del mercado en la educación, es abrir paso a otras reivindicaciones sociales que van a apuntar, necesariamente, a
desmantelar poco a poco el modelo neoliberal anquilosado en
Chile durante más de treinta años. Y yo creo que ellos también
lo entienden así. Por más que intelectualmente no tengan mucho
nivel de complejidad, entienden perfectamente lo que puede
suceder, y por eso no están dispuestos a ceder en eso. En este
momento están en el gobierno, pero el poder de facto lo han ejercido durante mucho tiempo a través de otras áreas económicas,
mediáticas y financieras, y eso es lo que se está aplicando. Ese
poder que tienen se expresa en la crisis que se está generando
en la educación, en la salud, en los recursos naturales, y en cómo
transgreden la soberanía de un pueblo entero a través de estos
elementos y la política que aplican en este minuto.

Desde el punto de vista del marketing político, y desde la visión de corto plazo, es posible que el gobierno sienta que dominó al movimiento estudiantil. Durante el desarrollo del conflicto acuñó verdaderos clásicos de la infamia, como aquella famosa frase de que la gratuidad de la educación equivale a que los pobres subsidien a los ricos... ¿Qué reflexión te merece?

La derecha y quienes están defendiendo sus intereses y este modelo neoliberal son capaces de acudir a todo, hasta a las mentiras más aberrantes para poder defender su posición y colocar ideas que colonicen las conciencias de la gente. Para eso tienen los medios de comunicación. Ellos instalan una idea y por más mentira que sea, van a llegar a la gente y eso es complejo, porque finalmente este modelo se apoya en varios mecanismos: el área de la educación, el área de la salud, el área política, el área de comunicaciones. Además de las condiciones materiales, hay muchos sistemas de dominación de las conciencias con los cuales sustentan el modelo y logran llegar a la gente con un discurso falso, completamente falso. Pretender que estamos pidiendo que los pobres financien a los ricos es simplemente ridículo. Lo que hemos dicho es que hay que hacer una reforma tributaria para que efectivamente los más ricos paguen. No puede ser que en Chile sea legal la elusión tributaria y que, encima, se enseñe en las universidades a hacer una buena elusión tributaria. Se enseña en las universidades, se les enseña a los abogados, y los grandes empresarios se sienten orgullosos de pagar menos impuestos de lo que deben. En Chile tenemos un gobierno que usa todos los recursos para instalar y hegemonizar una idea que llegue a la gente, aunque no sea aplicable a la realidad ni tenga sustento real. Obviamente, da impotencia, pero tenemos que jugar con los recursos disponibles para poder combatir eso. Tenemos que lograr que la gente se dé cuenta de que esto no es así, de que le están proponiendo todo lo contrario: que los más ricos deben pagar lo que les corresponde de impuestos y que toda la sociedad debe pagar una inversión social, que es para todos, en educación. Se trata de una gratuidad para que nos encontremos; para que los ricos, los sectores medios y los más pobres estudiemos juntos y una vez que nos den la educación que la universidad nos otorgó, podamos, como profesionales o técnicos, retribuirlo a través de nuestro impuesto. Pero como el sistema tributario produce desigualdad, es injusto, tampoco sirve. Hay que propiciar luego una gratuidad pero también como una reforma tributaria profunda. Esa fue nuestra propuesta. Es muy complejo combatir el poder fáctico de los medios de comunicación. Ahí entonces uno se da cuenta de las tantas luchas que tenemos: la educación, el sistema político, los medios de comunicación, la redistribución de la riqueza y tantas cosas que implica el desafío de cambiar el modelo de desarrollo.

¿Qué sentiste cuando Piñera dijo en la ONU que la causa del movimiento estudiantil es noble, grande y hermosa, el mismo día en que la policía los reprimió brutalmente en las calles, y qué sientes cuando el gobierno recurre a pequeñas venganzas, como hacer perder el año a los que no firmaron el plan Salvemos el año escolar*?*

En la campaña de la FECh, la CDU, que representa a Renovación Nacional, dice lo mismo: nosotros estamos de acuerdo con el movimiento y con las marchas, creemos que es bonito y necesario, pero… es como el enganche; de alguna forma, hoy nadie puede cuestionar o deslegitimar el movimiento a nivel mundial. Para cuidar la imagen, que es de lo que siempre se han preocupado los gobiernos de Chile, tienen que señalar lo que ha sido el movimiento. Sin embargo, eso no quiere decir que estén de acuerdo con este. Afuera se dice una cosa, pero realmente lo que ellos quieren es destruir el movimiento y no transar ni ceder en nada que altere el desarrollo del mercado en la educación. Eso es una vergüenza. A estas alturas, todos entienden que es hipocresía.

¿Crees que esta hipocresía le ha pasado la cuenta al gobierno, desde el punto de vista de la opinión pública, dado que marca consistente y prolongadamente en torno al 30% de aprobación versus un 60% de desaprobación? ¿Crees que estos índices se deben a esa permanente contradicción entre discurso y comportamiento?

Sí, pero creo que haber llegado al tope de aprobación o desaprobación del gobierno también es contraproducente porque este ya no tendría nada más que perder, y eso le posibilita contar con cualquier recurso para seguir en la dirección de destruir el movimiento, sin que le importe nada, ni por qué ni para qué; entonces dirán: «hagamos lo que queramos». Y eso, creo, es muy peligroso.

Quisiera que me comentaras la experiencia que tuvieron ustedes en el trámite parlamentario. Las veces que fueron a conversar con la Concertación, que emitieron su opinión en las comisiones, cómo sintieron ese ejercicio de «democracia ciudadana» en el corazón del sistema binominal...

Dudo que eso sea democracia ciudadana. Es complejo, porque una de las características del movimiento es que pone en duda la forma de hacer política, la forma de hacer democracia en Chile. Eso, sumado a la experiencia con la revolución pingüina, nos coarta la posibilidad de una relación fluida con nuestros «representantes institucionales», tanto con el Parlamento como el Ejecutivo. Sin embargo, también está la necesidad de hacerlo. Claramente, si no lo hacemos quedamos en una posición sumamente marginal, que no contribuye, que no permite ver posibles conectores que nos posibiliten avanzar con aquellos a los que cuestionamos, que son los parlamentarios. Para nosotros no es una situación sencilla. No todos los sectores a nivel de moviliza-ción estudiantil respaldaron esta posición. De hecho, nos costó mucho poder avanzar, porque decían muchos: «no, aquí ni con el Ejecutivo ni con el Parlamento, ni con la derecha, ni con la Concertación, ni con nadie». Sabíamos que por más que no nos gustara, había que tener un acercamiento y no solamente ir a interpelar a esa estructura, sino conocer cuál era el compromiso que iban asumir y cuál era su postura ideológica y política en este escenario. Las conversaciones siempre eran como «bueno, nosotros primero queremos ser muy críticos con esto». Es decir: «tienen que asumir que ustedes han sido responsables de esta crisis, que estemos a estas alturas con estos problemas y que nunca se hayan hecho cargo, pero también los llamamos a que finalmente actúen como mandatarios».

¿Y ustedes sienten que avanzaron en eso?

Con la derecha, en nada. En la oposición, el tema es complejo. La Concertación nunca ha actuado como bloque, quizá en deter-minado momento de la historia lo hicieron, pero la característica general es que la Concertación ni siquiera dentro de sus parti-dos políticos vota igual. En educación la Democracia Cristiana no vota igual. No se pueden cuadrar entre ellos mismos, menos aún la Concertación como bloque con otros, porque ha carecido de un proyecto político claro, se ha acomodado al modelo y ha actuado en función de eso; unos más conformes que otros, otros, no tan conformes, han tenido que salir. A esta altura, que haya sido tan fuerte este movimiento, y que haya generado tanta pre-sión y cuestionamientos en la Concertación, la ha obligado a definirse. Creemos que lo que pasó en el presupuesto responde a eso. En este momento no me interesa si fue oportunismo, obligación o convicción. Lo importante es que tuvieron que actuar en función de una presión determinada de un movimiento que, todo el mundo sabe, responde a una gran mayoría. Sabíamos que no podían cortar nada más, sino abstenerse, porque si aprobaban estaban aprobando la propuesta privatizadora del gobierno y si rechazaban era lo mismo. Era aprobar lo mismo; mejor era abstenerse y decir que esta no era su propuesta, que era de la derecha, y que finalmente estuvo el hecho político, porque más allá de eso no podían hacer ninguna modificación. Ahora, la Concertación ha sido dubitativa, ha tenido posturas muy distintas, pero posición política real, no. Es ver cómo salvamos las circunstancias, cómo sacamos una cuña que nos permita visualizarnos. No han elaborado realmente un proyecto, una convocatoria amplia, para construir una alternativa en el aspecto de la educación. Tenemos esa respuesta. La mayoría se abstuvo, pero igual las posiciones respecto a la abstención son muy distintas. Se les vino un panorama en el que tenían que realmente definirse entre las posiciones que son más cercanas siempre al diálogo y al pacto con la derecha, o las otras que se definen como antineoliberales, y que pretenden generar otras mayorías.

En el trámite parlamentario de la Ley de Presupuesto, la oposición acordó tres puntos mínimos: gratuidad en la universidad al 60%, recursos para sostener la educación pública, y rebaja de 550 a 500 puntos para acceder a becas, ¿esto los representaba a ustedes? ¿Estos puntos ¿los consensuaron con ustedes?

Dentro del movimiento hay posiciones distintas. Nos convoca y une un horizonte, pero en la forma de avanzar hacia ese objetivo hay diferentes tácticas. Al menos creemos que hay que marcar y amarrar cierto espacio en la dirección correcta, pero hay otros que dicen que hay que llegar a buen puerto ahora mismo y no hacer el recorrido, evitar la navegación. Nosotros al menos queríamos que se formularan cuestiones mínimas. Si lo plantea el Consejo de Rectores, si lo plantea el bloque de la oposición, cómo iba a ser posible que el gobierno dijera «bueno, hay un 80% que quiere esto» y ni siquiera en «esto» haya tenido voluntad. Nuestra demanda no cabe en la Ley de Presupuesto, pero teníamos que poner cierto énfasis para dejar en claro que nos están planteando totalmente lo contrario. Creemos que había que poner una regulación en el sistema privado y dar ciertos pasos para el fortalecimiento de la educación pública, y esas cosas tampoco se recogieron. La mayoría de los recursos que aumentan van a las instituciones privadas a través del financiamiento de la demanda. Esa es la trampa porque es el esquema de distribución del financiamiento. No nos sirve de nada aumentar mil millones de dólares si estos van a parar al subsidio de la demanda de becas, y de créditos en instituciones privadas. Aquí estamos en lo mismo y peor que antes.

Tú has mencionado el problema estratégico: el subsidio a la demanda.
No muchos entienden que esa es, en rigor, la piedra angular del sistema
de educación de mercado.

Ellos levantaron este modelo en 1981, bajo ese precepto. Es un Estado subsidiario, no un Estado responsable, no es un Estado garante. Lo que se hacen son políticas enfocadas en el gasto social, a través del subsidio a la demanda. A los más pobres se les financia la demanda, y da lo mismo que la institución a la que ingresen sea pública o privada, mejor si es privada. Eso también lo hizo la Concertación. Había una necesidad de demanda en la educación superior y ellos dijeron: «no, tenemos que mejorar el sistema en función de la demanda, la cobertura, eso es prioritario». Pero en lugar de hacerlo en el sistema público, lo hicieron reforzando al sistema privado. Todo fue al privado. Las carreras en las instituciones estatales o del Consejo de Rectores son las mismas desde hace veinte o treinta años. Las matrículas no han aumentado, no se les permitió crecer. ¿Por qué? por el objetivo político, sobre la base del subsidio a la demanda y la privatización; que el Estado se retire, que el mercado lo controle...

Podrá ser no medible y subjetivo, pero en mi apreciación, uno de los mayores haberes de este movimiento consiste en haber puesto este tema, haberlo hecho avanzar en la comprensión de la gente...

Absolutamente. Creo que logramos avances, un cambio aunque sea embrionario, en la cultura de la gente. La gente recobró la esperanza, cree que es necesario un cambio profundo, cree en los jóvenes, cree que debe haber una nueva fuerza que realmente se empodere en la toma de decisiones, para que nos veamos beneficiados las grandes mayorías, y eso yo creo que la gente lo siente, y que ha perdido el temor. Percibe que es posible, necesario y urgente; se da cuenta de que esto ya no da abasto y que hay unos pocos beneficiados. Eso no salía a luz pública ni estaba sobre la mesa. Todavía es muy frágil. No queremos llegar a lo que pasó en España. Y para eso hay que ir consolidando lo avanzado y proyectando lo que viene, pero con pasos claros y siempre tratando de canalizar todas las fuerzas en pos de generar acuerdos programáticos con todas las fuerzas políticas y sociales para combatir este modelo.

Aunque parezca frívolo ¿imputarías dentro de los haberes de este movimiento la caída de Lavín, que era un ministro presidenciable?

Yo tengo sensaciones encontradas en eso, aunque creo que fue significativa la salida de Lavín, porque era un presidenciable. Primero, era contradictorio con la demanda que se estaba generando en términos de lucro. Él era fiel representante del modelo neoliberal, un *Chicago Boy* de primera hora, de una universidad privada regida por el Opus Dei, la Universidad del Desarrollo. Además, lucraba. O sea, estos tres elementos eran ya demasiado. Pero también yo siento, y muchos sentimos, que fue como un poco premeditado. Lo pusieron en el ministerio más complicado, a un candidato presidencial, de la UDI, que no es quien conduce el gobierno actualmente. En breve, creo que le hicieron la cama.

También, en una segunda lectura, les pusieron a alguien que no tiene una aspiración presidencial, como Bulnes, con la misión, simplemente, de pasar la máquina...

Yo siento que Lavín era limitado en términos políticos, por lo que representaba, pero era un precandidato presidencial y ante eso quizás él podía hacer mucho más. De hecho, estoy segura de que él hubiese cedido un poco más, pero no le dieron el respaldo desde el gobierno. El gobierno perfectamente pudo haberle dado los recursos, y decirle: «ya, soluciona esto rápidamente, tiremos más plata, pon esto aquí y allá», pero no lo hizo. Y qué hicieron: ni siquiera lo expulsaron, lo pusieron en otro ministerio. Una persona como él debió haber sido juzgada porque pasó por encima de la ley durante muchos años, pero está en otro ministerio. Luego, no logramos tanto el objetivo político. Lo que hicieron fue hacer una rotación, una sillita musical, lo cambiaron y pusieron a otro que sabían que iba a ser más duro, que no era candidato presidencial, que iba a mantener su postura y le iba a dar lo mismo, y además era de la línea del gobierno. Entonces, claro, ahí hay dos lecturas. Podríamos haberlo aprovechado como una victoria, pero insisto en que fue algo premeditado por parte del gobierno.

Hay pocos casos en que los movimientos sociales hayan logrado cambios por sí mismos. Los cambios llegan por acumulación, por alianzas con sectores más amplios, por coyunturas políticas determinadas. Pienso que el momento de mayor acumulación del movimiento estudiantil fue el Paro Nacional del 24 y 25 de agosto, convocado en conjunto con la CUT. En una opinión estrictamente personal, creo que el gobierno leyó que si eso era todo lo que podían poner en la mesa, era posible resistir. De hecho, creo que a partir de ese momento se inicia la fase de encastillamiento del gobierno, y aún del paso al contraataque. No sé si tú compartes ese diagnóstico…

Yo creo que sí, fue como un termómetro. Ese día el gobierno decía: «si aquí se viene algo fuerte, tenemos algo que hacer», y si no, vamos a ver cómo continuamos en la misma postura, porque no tenemos nada más que perder, y porque es realmente toda la fuerza que pueden demostrar. Si bien el paro de la CUT fue exitoso en cuanto a convocatoria, porque había mucha gente en la calle, no solo estudiantes, sino de otras organizaciones: funcionarios públicos, trabajadores de distintos gremios, etc., no logró ser el paro productivo que esperábamos, y eso se debe a otro aspecto: el nivel de sindicalización es bajo. Nosotros queremos ser una fuerza que genere una presión efectiva, no podemos ser solamente estudiantes; tenemos que convencer a otros sectores, pero para que logren poner en crisis el sistema económico, a través del paro productivo y eso no se logró. Entonces para el próximo año tenemos que apuntar a eso y yo creo que ahí el trabajo de la CUT es importante, es necesario, pero no suficiente. Hay muchas otras organizaciones y gremios que no están afiliados a la CUT y que es necesario convocar. Creemos que la CUT es el mayor representante de los trabajadores, pero también con sus falencias. En ese sentido, no podemos quedarnos con los brazos cruzados y decir que solo la CUT es un actor, sino que tenemos que convocar a mayorías. En eso evidenciamos una realidad, más que sentirnos culpables de que no haya pasado a mayores. El paro lo único que nos plantea es que el desafío es mayor, que tenemos que trazar esta movilización para que no esperemos el paro de la CUT, cuatro meses después, o de los trabajadores en general, sino que vayamos actuando desde el inicio de manera coordinada, y así lograr que los mecanismos de presión sean realmente efectivos y no sean puramente testimoniales, como son los paros estudiantiles.

Creo que el análisis que hizo el gobierno es correcto. Efectivamente, midió la mayor capacidad de fuerza que teníamos, y no fue suficiente.

Giorgio Jackson dijo que Piñera, para el sector que representa, lo hizo bien, en el sentido de que logró resistir las presionas sin moverse…

Creo que el gobierno, ante un 30% de aprobación, sabe que no puede representar más a la gente. Tiene que quedarse con la representación de la clase económica de la cual proviene y a la que sirve.

En rigor, es el 30% histórico de la derecha…

Sí, de los votantes, pero también del sector que nos gobierna de facto, que siempre genera esa impresión en situaciones de crisis. En ningún momento se destacó que hay empresarios importantes que ya están reconociendo la necesidad de una reforma tributaria.

De hecho en la última ENADE, el lema Vox Populi, Vox Dei, demuestra que los empresarios recibieron el mensaje, y que están preocupados. Y cuando hablamos de los grandes empresarios en Chile, estamos hablando del poder real. Eso también se lo imputaría a los logros del movimiento....

Para muchos empresarios ha sido exitosa la gestión de Piñera, pues contuvo el movimiento hasta final de año, sin ceder en aspectos estructurales que perjudicaran sus intereses. Pero también hay otros sectores que saben que esto va a seguir adelante y se puede desatar una crisis mayor si no hay un mecanismo real de contención social, y creen que hay que ceder en algunos aspectos para que no se genere una crisis de inestabilidad que no les permita seguir manteniendo sus posiciones. En ese sentido, el movimiento puso de manifiesto contradicciones entre ellos y, claro, ya hay quienes quieren abrir la discusión de la reforma tributaria.

Conocido el desenlace de esta primera fase del conflicto, desde la derecha, desde la ultraizquierda y desde el oportunismo se empezó a decir que tras siete meses de conflicto, el liderazgo del movimiento estudiantil lo condujo a la derrota...

Efectivamente, la derecha mantiene ese discurso para decir finalmente que los movimientos sociales no sirven de nada, porque aquí quienes deciden «somos nosotros» y para mostrar que ellos fueron los únicos que lograron avanzar hacia la solución del problema de la educación y no el movimiento. Por otro lado, en efecto, lo dicen la ultraizquierda, que se parece a la derecha muchas veces, y los oportunistas, que son quienes quieren posicionarse en función de la coyuntura. En el fondo, criticar la conducción para poder ellos legitimarse ante la opinión pública. Eso lo vemos diariamente. Lo vimos en las elecciones de la FECh de diciembre de 2011. Hubo muchas listas opositoras cuyo discurso para mantenerse fue decir: «bueno, ellos lo hicieron mal por eso fracasaron», y no producto de algo mayor. Ahora, el nuestro no ha fracasó. Este es un movimiento que para hacer grandes cambios necesita desarrollar un proceso más largo, de largo aliento, de mayor acumulación de fuerzas, mayor correlación y ser también capaces de trazar estrategias para hacer política no solamente a corto plazo, sino que hay que construir un proyecto. Creo que eso está en desarrollo y muestra un avance que es producto de esta experiencia. Acá no hay ningún fracaso. Evidentemente el presupuesto es un retroceso, pero el presupuesto de educación es anual, y el cambio que proponemos es subjetivo, no es anual. Se proyecta a largo plazo. La toma de conciencia tampoco es anual. Queremos que este cambio de paradigma en la conducta de la gente se mantenga y no pase al olvido, porque también la falta de memoria en Chile es algo muy real. Somos muy proclives a olvidar fácilmente. Eso no puede pasar. Obviamente, para que esto se mantenga como tal hay que asumir una responsabilidad mayor de todos nosotros, para proyectarnos, para que el movimiento siga su curso y realmente logre la magnitud y la complejidad de las demandas que se han planteado. Evidentemente la derecha, los oportunistas y la ultraizquierda van a estar en la crítica hasta el final, pero eso no quiere decir, ni mucho menos, que el movimiento haya sido derrotado.

Si vamos al balance de quienes ganan y quienes pierden, evidentemente ganan las universidades privadas, que cobran elevados aranceles por una educación de baja calidad y ganan los bancos que manejan el crédito universitario, que obtienen beneficios de 50 millones de dólares anuales. Pierde el sistema educativo en general, un sistema que no logra igualar oportunidades, sino que se transforma en un mecanismo diferenciador. Pierden las universidades públicas, con un estándar de universidad de baja calidad, con poco presupuesto para investigación; pierde el Estado, al no poder recuperar una buena parte de los créditos, y quienes más pierden son los estudiantes y las familias que hoy tienen que absorber el 80% del costo de la matrícula universitaria. Ese es, en mi opinión, el balance general de la aplicación de treinta años de neoliberalismo, y de «modernización» de la educación en Chile. ¿Compartes ese diagnóstico?

Pienso que en un gobierno de derecha jamás iban a perder los privados, jamás iba a perder la clase empresarial, y jamás iban a ganar las grandes mayorías, la familia chilena. Ese no es su objetivo, en ningún caso; tal vez, hacer parecer que ganaban las mayorías, pero en verdad no ganaban. Claro, ahí el cuestionamiento surgió cuando ese movimiento social de siete meses, aunque hubiera un gobierno de derecha, debía haber ganado algo. Pero insisto en que se pierde algo a corto plazo que se puede revertir, pero que depende también del movimiento. La Ley de Presupuesto es lo que más nos hace perder a nosotros, y hace ganar a los privados, a los empresarios, al capital que sustenta el lucro en la educación. Pero eso no va a seguir por mucho tiempo, según creo. Si esto toma un buen curso, se canaliza, se capitaliza todo este movimiento, toda esta energía, toda esta maduración política, sobre la base de las propuestas de discusión y se encauza hacia la dirección correcta, no va a ser mucho el tiempo de las ganancias. El gobierno ha logrado hacer ganar a los mismos de siempre, pero asumió grandes costos políticos que se pueden agudizar el próximo año. Este fue un año de grandes movilizaciones, históricas, que impactaron a Chile y también repercutieron a nivel mundial. El gobierno la va a tener más difícil, si es que logramos el próximo año volver a surgir. Cualquier persona, en cualquier otro país del mundo, dirá, bueno, el movimiento vuelve a estallar, que pasó, que hizo mal el gobierno, entonces empiezan los cuestionamientos, y todas esas reformas que hicieron van a entrar también en crisis, no van a perdurar por mucho tiempo. Ese es el panorama que uno puede visualizar, pero con la condición de que uno se haga cargo de que eso pase y de darle realmente una conducción a este movimiento que permita plantear alternativas para que el gobierno no se mantenga tal como está. Es como un desafío mayor que tenemos, una responsabilidad mayor para quienes hemos estado en este movimiento, tanto dirigentes como estudiantes, trabajadores, profesores, que tienen a todas las bases trabajando en esto.

Quiero formular un conjunto de preguntas referidas a la proyección del movimiento. En términos clásicos, cómo pasar de la guerra de movimientos a la guerra de posiciones, o cómo pasar de la manifestación testimonial a una concepción estratégica. ¿Qué hacer con el tema del desgaste de la movilización? Cuando tú has hecho cerca de cincuenta marchas, puedes hacer cien y no cambiar las cosas. Entonces, me refiero a idear otras formas…

Nosotros siempre hemos tenido de la idea de que hay que trabajar en dos ámbitos. Uno es cómo reconstruir el movimiento para poder generar una mayoría social; cómo pasar del individualismo al trabajo colectivo; de la competencia a la colaboración, a la articulación de una red que permita el acceso a un nuevo proyecto. Eso todavía está en estado incipiente. Hay que fortalecer ese ámbito que nos permite ampliar nuestra correlación de fuerzas a nivel del mundo social y crear otras nuevas, articularlas, hacerlas converger, empezar a idear propuestas y llevarlas a cabo. Por otro lado, y también importante, es que el próximo año también definamos claras posturas respecto de cómo trabajar con la otra parte, que es la parte institucional, es decir, Parlamento, gobierno y correlación de fuerzas en el ámbito político. Para eso tenemos que tener claridad, definición, porque este año no la hubo, o fue muy dubitativa, y en verdad eso dilató toda posibilidad de lograr una incidencia real en el tema. Creo que el próximo año tenemos que empezar a trabajar en eso con planificación, con muchos otros actores, correlación de fuerzas, manifestaciones, discusiones, trabajo de base territorial, ciudadano, pero también ver cómo aprovechamos esta institucionalidad política heredada, que no nos gusta, pero que tiene fracturas, y debemos hacer que esas fracturas se transformen en herramientas a nuestro favor; cómo aprovecharlas, cómo romper con eso y generar raíces que permitan destruir o demoler este bloque que parece indestructible y no lo es. Pienso que por ahí va el curso de esta acción y, obviamente, buscamos instalar en la conciencia de la gente que esto requiere vocación de poder. Disputar los espacios es algo normal, sumamente positivo para las luchas que debe emprender este movimiento en función de los intereses del pueblo chileno. Si no tenemos vocación de poder nos vamos a quedar en una posición ultramarginal que realmente puede ser hasta vergonzosa, en la medida en que nos quedemos haciendo lo mismo de siempre, sabiendo que son cuestiones que nos gustaría lograr pero no somos capaces de hacerlo. Se necesita un trabajo a más largo plazo, más ordenado, con un respaldo de base que pasa por esta articulación, pero también hay que visualizar las tácticas en cuanto a cómo vamos ampliando nuestra capacidad de incidencia en el ámbito político y desplazando a quienes realmente no creen en lo que plantean las grandes mayorías; es decir, a la derecha y aquellos sectores incluso de la Concertación, que son profundamente neoliberales. Eso consiste en disputar espacios territoriales, comunales, como las concejalías, municipios, también el Parlamento; cómo proyectar la construcción de un gobierno distinto al actual, de lo que fue la Concertación, en función de una mayoría que se exprese con propuestas. Esa es la gran proyección del movimiento que visualizo desde nuestra perspectiva. No es algo que hayamos discutido mucho con todas las organizaciones. Es algo que tiene que pasar ahora en el movimiento social, en los congresos tanto a nivel de federaciones como a nivel de CONFECh, en las discusiones que se tienen que dar en función del balance de este año y en la proyección del siguiente. Tenemos que compatibilizar el trabajo extrainstitucional con el nivel de la institucionalidad política. Tenemos que ver cómo podemos romper con esto, cómo podemos incidir, y eso implica acercamiento, eso implica ir a discutir, ir a trabajar y ver cuáles son las debilidades, cuáles son los espacios que podemos aprovechar para canalizar nuestras demandas de mejor manera y, además, levantar nuevos representantes desde este movimiento. Hay comunas y regiones que están diciendo: «bueno, nosotros hemos hecho trabajos con distintos sectores organizados, estudiantes universitarios, secundarios, trabajadores, profesores, etc. y hemos elaborado propuestas». Pues bien, hagamos que esas propuestas alguien las lleve a cabo. Levantemos un representante que vaya a discutirles a quienes no creen en esto. Esto hay que fortalecerlo; tenemos que tener un plan común, una estrategia a nivel nacional.

Quisiera pedirte un par de opiniones sobre la dinámica interna del movimiento, fundamentalmente en dos aspectos: el proceso de toma de decisiones y la democracia interna, desde la perspectiva de la eficacia...

Es sumamente complejo generar un equilibro entre respetar los procesos de discusión de las bases hasta arriba, con la efectividad que debe tener el movimiento en cuanto a tomar decisiones inmediatas. Hay veces en que los dirigentes se ven en una posición de decir: «no puedo esperar más, porque si tomo la decisión, va a ser determinante para hoy, y si no lo hago, perdí la oportunidad». Y ese equilibrio, creo que no se generó mucho.

Este año tuvimos un gran avance, importante y necesario, en cuanto a respetar las instancias democráticas de participación. Ninguna decisión importante se tomó sin la consulta a las bases, a las asambleas y sin llegar a las instancias de resolución, pero también hubo momentos en los que era necesario tomar decisiones políticas inmediatas. Eso muchas veces no se entendía. También es importante que el movimiento y todos los estudiantes entiendan que hay que delegar responsabilidades para que nosotros, los representantes, tengamos mayor capacidad de acción y no seamos meramente voceros. Tenemos una postura política y debemos actuar en función de eso. Es importante en todos los espacios avanzar en instancias más participativas, pero también en instancias de representación, que uno otorga a través de la votación a una persona en particular. Debemos permitir que esa persona se desarrolle y no coartarla.

¿Estás de acuerdo con el mecanismo de democracia interna, de un representante, un voto, sin importar el tamaño y peso de la organización?

A nivel de la CONFECh no cabe duda que tiene que haber un Congreso y a nivel de la Universidad de Chile, también. En el nivel de la CONFECh, porque hay federaciones que representan sesenta estudiantes y hay otras que representan a 24 000 estudiantes, pero pesan lo mismo en cuanto a voz. Eso es totalmente antidemocrático y aberrante, pero pasa. Es necesario que se replanteen todas las estructuras orgánicas a nivel nacional. Hoy el movimiento tuvo una explosión y eso demanda que todos nos replanteemos, porque muchos quedamos chicos a la CONFECh en términos orgánicos, pero también cómo involucrar a otras organizaciones de la educación superior que no están siendo parte. Entonces veo un movimiento grande, que está compuesto por muchos estudiantes del Consejo de Rectores, pero también del mundo privado que no tienen instancias de representación. Esto nos llama a analizar cómo nos ampliamos y cómo crecemos en términos orgánicos, para que las iniciativas y problemáticas a nivel local puedan impulsarse a través de una instancia de nivel nacional que represente todo eso. Hasta el momento eso no pasa. En la Federación de Estudiantes de la Universidad de Chile también estamos planteando esto, que no pasa solo por elementos orgánicos, sino también por términos programáticos. Sucede que todos los años volvemos a discutir lo mismo; partimos desde cero, porque no tenemos una hoja de ruta o una especie de carta Gantt para no depender de las elecciones anuales, sino tomamos una política de común acuerdo. Convengamos en lo importante en términos de educación, el financiamiento, problemas internos y problemáticas nacionales. Si nosotros creemos que es necesario avanzar hacia una Asamblea Constituyente, tal vez no lo vamos a poder lograr solos. Entonces, en función de ese objetivo político ¿con quién nos articulamos?, ¿vamos a estar en disposición de trabajar con otros sectores? Bueno, lleguemos a esos acuerdos y dejemos que avance el curso, independientemente de las federaciones. Estos acuerdos se respetan porque son un pacto que tomamos en cierto momento, en un período congresal, y todas las federaciones que vayan sumándose tienen que ir cumpliendo con este programa, porque los estudiantes lo definieron así. Tiene que replantearse, analizarse, pero establezcamos un programa a seguir, que es lo más importante. Cuesta que los movimientos tengan ejes programáticos. Se levantan consigas y demandas, pero no establecen su institución temporal. Eso para nosotros es importante aplicarlo a nivel nacional.

¿Sientes que por ahí va la tendencia o más por la disputa por el poder?

Eso se da mucho en la izquierda, que es como parte de la identidad de la izquierda...

Reafirmar una identidad es como parte del ADN de la izquierda en Chile...

Sí, porque más allá de formar mayorías en torno a una idea, es más como quién la conduce, es una cuestión de egos. Acá hay muchas disputas de egos. Si no es tu fuerza política la que está a la cabeza, hay que criticarlo, por más que se compartan esas ideas. Eso tiene que revertirse.

Esa dispersión que se dio en la elección de la FECh, ¿responde a lo mismo?

Sí. Ahora, también uno puede decir que es legítimo que cada fuerza de izquierda quiera posicionarse y que las universidades son un espacio para poder posicionarse a nivel nacional porque tiene cobertura. Llega a toda la gente, tiene el seguimiento mediático y cualquier fuerza política incipiente y pequeña ve en estos espacios un lugar donde pueden visualizarse. Eso podría llegar a ser válido, pero las demandas del movimiento son mucho más grandes que eso. Ahí está la gran diferencia. Nosotros creemos que eso no es tan beneficioso. Para nosotros lo ideal es generar una unidad mayor en la izquierda.

Ustedes son la generación de recambio. En un plazo de entre diez y veinte años, van a tomar la conducción del país desde el punto de vista político, económico y técnico-profesional. ¿Qué cabe esperar de esta generación?

Bueno, la generación que está hoy expresada, tiene poco de concertacionista y mucho de izquierda. De todas formas, eso es frágil en el sentido de que si esto no alcanza ciertos frutos o si los estudiantes y jóvenes no visualizan ciertas conquistas como actores sociales, pueden caer en una frustración tal que les devuelva la apatía y el escepticismo. Eso es, obviamente, un riesgo muy grande. O sea, el hecho de que estas generaciones, que han sido parte de este movimiento, no se transformen en la mayoría que realmente conduzca Chile en los próximos años, es un riesgo. Esto puede pasar si no logramos generar pasos fundamentales; los jóvenes se pueden frustrar. Incluso la izquierda independiente, que se ha sentido llamada y motivada por este movimiento, puede decir: «fue tanto lo que hicimos y no se logró, ¿para qué seguir si no vamos a poder levantar algo así nuevamente?».

¿Para el 2006 eras estudiante secundaria?

No, ya era vocera universitaria.

Lo preguntaba como una manera de medir la frustración de esa generación. ¿Tienes alguna forma de medirlo?

Ese golpe impactó mucho más a los estudiantes secundarios que a los universitarios, porque quedó como en el aire qué iba pasar con la educación superior; por eso como que estábamos preparándonos para lo que se venía. Ya teníamos la convicción de que sería nuestro año, a pesar de que no lo era, porque era el año de todos. Pero eso trajo consecuencias. La fragmentación de nuestros secundarios se evidenció este año y es muy fuerte.

Salimos del asambleísmo a una estructura representativa a nivel nacional y hay disputas internas que se generaron por eso. De todas formas sirvió como experiencia. Eso es lo que nos motivó a nosotros a no caer en instancias de negociación a principios de año, porque nadie creía que podrían llegar a buen puerto. Creo que no lo iba a hacer. Por más que hubiéramos empezado antes una negociación y no hubiéramos esperado la dilatación del conflicto y el desgaste, eso no hubiera resuelto nada; tendríamos la misma respuesta del GANE de principios de año, pero con la aprobación de nosotros. Creo que en eso la revolución pingüina nos sirvió mucho para no caer en los mismos errores, porque además fue la antesala al salto cualitativo en función de plantear demandas estructurales, que antes no se habían generado en el ámbito de la educación superior. Los últimos años las peleas eran por las becas, los créditos y beneficios de ese tipo, pero nada que cuestionara los pilares de este modelo de mercado en la educación y que sin la revolución pingüina, no se hubieran planteado con la fuerza que se ha demostrado. Además, dio cuenta que la política de los consensos es errónea, no sirve, porque la institucionalidad política está mal y es necesario generar mayorías para cambiarla. Los estudiantes pingüinos estaban solos. No tenían a nadie más. Era la revolución de los pingüinos, nunca enfocada en los universitarios. Íbamos detrás, pero no íbamos a la par, como tampoco lo hizo otro gremio u otras organizaciones. Ahora, con lo que pasó este 2011, se aprendió de los errores para no caer en instancias o negociaciones que dieran paso a una política de los consensos que no cambiaría nada y, además, se articuló una correlación de fuerzas mayor con otras organizaciones sociales y gremiales.

Voy a plantear el controvertido tema del desgaste de la movilización por causa de la violencia. Casi invariablemente, las marchas y movilizaciones eran jalonadas con hechos de violencia que eran reciclados por los medios del sistema como el componente central. Esa expresión que los acompañó siempre, ¿lo adjudicas a infiltración, a descontento social, a inmadurez de grupos políticos de ultraizquierda, a vandalismo del lumpen, o tal vez a una combinación de los factores anteriores? Cuando llamaban a movilizaciones, ¿tomaban en cuenta que se producirían estas manifestaciones? Dentro de esta misma pregunta, algunas de estas personas que se manifestaban de esta manera, ¿estaban dentro de las organizaciones? Es decir, sectores de la «ultra» al interior de la CONFECh ¿se expresaban con esos métodos? ¿Se puede trabajar con ellos o se tiene que ir a la disputa con ellos? Es un tema complejo, pero hay que abordarlo. Por lo demás, no es solo de ahora, y tampoco solo de Chile. Este tipo de disputas socavaron al gobierno de Allende. Recientemente, agresiones de grupos anarquistas y neofascistas a las movilizaciones del PAME se saldaron incluso con muertos…

Primero, en ese ámbito hay que dejar a un lado a los manifestantes pacíficos, que son la gran mayoría. Focalicémonos en quienes hacen destrozos o en aquellos que se pelean con los «pacos» o entran a saquear tiendas. Hay que hacer diferencias, pero dentro de esos mismos aspectos. Hay quienes realmente representan el *apartheid* educativo y social, que es una respuesta a una violencia estructural, lo que se denomina *lumpen*, particularmente jóvenes que van a nada, porque son producto de una sociedad profundamente desigual, que los excluye. Ellos no tienen nada que perder y van ahí, al choque. Otros también que van a delinquir, que aprovechan la movilización para ir a saquear. Ellos no ven eso como acción política, pero hay otros que sí. Hay percepciones distintas. Una vez conversaba con un compañero que en un paradero le dijo a un estudiante que había marcha y él le respondió: «qué bueno, porque así voy a saquear tiendas». Hay un objetivo que es ir a robar, pero hay otros que lo ven como acción política contra el capital, que vendrían a ser los grupos más anarquistas. Por otro lado, están quienes se defienden, que ven en el enfrentamiento contra Carabineros, una acción contra la represión. Y ahí hay una acción legítima, porque es intolerable que en cada marcha se reprima de tal forma, incluso a aquellos que se manifestaban pacíficamente, pero que toman el curso de la violencia, porque no toleran que Carabineros abusen tanto del poder. En ese espectro, también hay muchos que no son estudiantes, que son infiltrados. Efectivamente, hay Carabineros infiltrados y lo sabemos. También están los compañeros que son estudiantes y que lo ven como una acción política necesaria o como autodefensa de masas. Acerca de si se puede trabajar o no, creo que se puede trabajar siempre y cuando haya un acuerdo de que las formas de movilización o las formas de violencia conduzcan a un objetivo político. Creo que en estas circunstancias no obedecen al objetivo político que tenemos.

Nuestro objetivo político, el de la gran mayoría, es generar respaldo en la opinión ciudadana, y quemar una micro o saquear una tienda comercial atenta contra eso. Distinto es cuando uno se defiende. Hay capacidad de entrar a converger con estos sectores cuando decimos que hay que defenderse de la represión de Carabineros. El otro día en la marcha había hasta apoderados pegándoles a los «pacos». ¿Por qué? porque los estudiantes son hijos, son menores de edad que estaban en el suelo y los Carabineros estaban pegándoles patadas en la cabeza. Cuando hablamos de violencia esas cosas también son dignas de análisis. La piedra, el palo al «paco», etc. Pero los Carabineros tienen una práctica sistemática que, en mi opinión personal, terminan haciendo lo que quieren con los estudiantes. Eso pasa. Ha habido torturas, es decir, apremios ilegítimos en las micros de Carabineros, e incluso, fuera de las micros, o sea, de manera abierta. Y eso tiene que asumirse, tiene que ser parte del análisis de la violencia. Hay una violencia estructural del modelo que nosotros queremos resolver con las demandas que tenemos por la educación, pero que no la vamos a resolver aislando a los jóvenes. Y hay violencia también por parte de las fuerzas policiales, por parte de la represión. Y eso, tiene una respuesta lógica.

Para ustedes ese factor aditivo a todas las manifestaciones ¿era un dolor de cabeza?, ¿lo tenían asimilado como un incordio inevitable?

Sí, era un dolor de cabeza, porque en verdad los medios se aprovecharon mucho de eso. Primero, resta apoyo ciudadano; la gente termina diciendo que comparte la demanda pero no la forma, y es porque asocian la marcha con encapuchados, piedras y destrucción.

Pero también es un dolor de cabeza porque uno trata de decir: «bueno, no podemos abandonar las movilizaciones, no podemos abandonar la marcha, cómo solucionamos esto con Carabineros. Nosotros podemos hacernos cargo de cierta manera, pero ustedes también deben actuar de manera responsable y no en función de atacarnos a todos, o por lo menos hacer la diferencia, y a quienes estén realmente haciendo daño, rompiendo edificios, departamentos, se los lleven detenidos y hacen el proceso como corresponde». Eso no lo logramos nunca; entonces era enfrentar la batalla comunicacional y por otro lado tratar de dar una solución que no tenía ninguna respuesta.

Esa violencia policial, ¿obedece a lo que caricaturescamente se ha dado en llamar la doctrina Hinzpeter, o responde a una doctrina arraigada en Carabineros, que se expresa en etapas agudas del conflicto social, como entre 1973-1976, o 1983-1986?

Creo que siempre es responsabilidad de las autoridades, porque, más allá de que sea parte de la cultura de Carabineros, hay responsabilidad política de las autoridades en no ponerle atajo. Por ejemplo, con un protocolo o procedimiento donde se establezca con claridad que Carabineros no puede pasar de ciertos parámetros, o donde no haya resquicios para permitir esas prácticas, y condenarlas siempre. Pero eso no pasa. Me gustaría creer que el Ministerio de Interior no tiene una política deliberada al respecto, pero el problema es que la responsabilidad la tiene que asumir igual, porque está pasando y no hace nada. Igual sabemos del viaje a Colombia de Hinzpeter, para ver qué hacen allá con las fuerzas paramilitares y traer eso a Chile. Esta es una muestra de que ellos visualizan que esto puede seguir, las movilizaciones, el movimiento social y cómo se van a preparar para afrontar eso, y a mí eso es lo que me preocupa, porque lo que pasa en Colombia es a otro nivel, allí se asesina diariamente a los dirigentes, ni siquiera es oculto. Hace poco se encontró una fosa con 2 000 personas asesinadas. Esa alianza estratégica que se hace a nivel político Chile-Colombia, también se hace a nivel de fuerzas militares y de represión.

Hay opinólogos de la plaza que para perder oportunidades de guardar prudente silencio, aparecen afirmando alegremente que este movimiento obedece al carisma de un par de dirigentes o se limita a una configuración generacional, omitiendo toda raigambre histórica de una lucha de larga data en Chile. Es decir, no es que la categoría generacional y el liderazgo no existan, pero creo que no son lo principal. ¿Qué sensación te da cuando lees esos análisis?

Es tan vacío de contenido. Uno ve la realidad histórica que ha tenido Chile y su desarrollo, incluso antes de la UP hasta nuestros tiempos. Antes de la UP hubo muchas fuerzas que entendieron la necesidad de tener un Estado más fuerte con una visión desarrollista. La UP representa un plan nacional de desarrollo frenado por los poderes económicos en Chile, apoyados por los Estados Unidos, precisamente para evitar que se desarrollara. Lo que aquí se expresa es la recuperación de los espíritus que sostuvieron a la UP, que ahora vuelven como 2.0. O sea, lo mismo, pero aplicado a un modelo de desarrollo neoliberal que antes no existía, y que dice: siempre hemos querido construir una sociedad justa, más democrática, más igualitaria, apuntando a la felicidad, con un Estado que garantice principios y derechos básicos, pero nos enfrentamos a un modelo que va en la dirección totalmente contraria, que lleva aplicándose treinta, cuarenta años... Entonces, esto no es algo espontáneo, fruto de una generación a la que se le ocurrió o porque vio en sus líderes una sintonía y le creó mayor convergencia producto de una conducción carismática, sino que surge del aprendizaje de la historia y lo que nosotros hemos visto en nuestra comunidad y de lo que vemos actualmente como resultado de la instalación, después de la dictadura, de esto. Creo que es un análisis sumamente sesgado, que no entiende la realidad y que ni siquiera merece mucho desgaste en ver por qué se opina así. Esto va a tener una proyección porque la gente ya está cansada, han sido muchos años aguantando, por el temor, por el conformismo, por el individualismo, pero eso no resiste mucho tiempo. La gente despertó; ahora lo importante es que todos asumamos la responsabilidad. Estas cosas no son porque sí no más; no tienen un desarrollo sobre la base de la inercia, no avanzan solo de manera lineal, sino que dependen del trabajo que hagamos de manera cotidiana, y esa es la responsabilidad que debemos asumir en este nuevo escenario. Las cosas no se construyen porque sí, sino que dependen de una multiplicidad de opciones que llevamos tanto estudiantes como organizaciones y otras generaciones.

Quiero preguntarte acerca de la relación con el movimiento secundario. Algunos secundarios se sienten pasajeros de segunda en este movimiento. También sobre la relación con los profesores, con otros sectores sociales, con la CUT...

El gran desafío es poder superar el trabajo de la mera coordinación en la movilización, por un trabajo más estratégico. Pero eso también tiene que estar en equilibrio con la autonomía de las propias organizaciones. Las discusiones que da el Colegio de Profesores son de distintos puntos que las que damos nosotros, los secundarios también, que además cuentan con más de una orgánica, por lo que uno tiene que respetar la posición de una orgánica como de la otra y termina dialogando con dos interlocutores. En el ámbito de la educación superior, tenemos la CONFECh como la organización con mayor historia, con mayor trabajo, pero también están surgiendo otras organizaciones en el ámbito privado. Aquí la relación ha sido más bien como «esta ha sido nuestra postura, tratemos de hacer como sintonía, o sintetizar, veamos si podemos converger en estas movilizaciones, etc.», pero no ha habido una discusión más programática o estratégica por parte de las distintas organizaciones. Ese es el gran desafío. Hoy en el mundo universitario estamos muy desligados de los secundarios; ellos están en una realidad muy difícil, algunos están en tomas, otros entablan acciones judiciales para no perder el año y es porque no tenemos una instancia de articulación nacional u orgánica. Están la CONFECh, la ACES, la CONES, el

Colegio de Profesores, y la Mesa Social ha sido hasta ahora una instancia de coordinación de movilizaciones, pero no de trazar objetivos comunes. El último mes hemos dicho: «esto hay que potenciarlo»; no nos convoquemos solo para programar una marcha; aprovechemos que hay tantas organizaciones y veamos cómo trazamos estrategias comunes. Ese es el gran desafío porque si no, vamos a estar muy dispersos.

A mí me parece muy saludable que el Colegio de Profesores haya tratado de articularse con los estudiantes, pero eso le ha costado caro a Jaime Gajardo, que ha sido muy criticado…

Yo encuentro que ha sido una crítica muy injusta. Los medios se han concertado en atacar a Gajardo, y eso ha hecho perderse incluso a gente que tiene conciencia de los problemas de los profesores y sus demandas. Se le ataca por su supuesta incoherencia ante la calidad y porque se opondría a la evaluación docente, lo cual es una mentira. El Colegio de Profesores no se opone a la evaluación docente, pero señala que esta debe estar asociada a la carrera docente. ¿Cómo puedes evaluar a alguien a quien no le has dado las condiciones para ir evolucionando? ¿Cómo se puede evaluar de igual manera al profesor de una escuela municipal de un sector de riesgo social, con el profesor de un colegio particular pagado del barrio alto? Pero eso no se quiere ver. La gente común y corriente ve a Gajardo como de otra generación, no de la juventud bonita, renovada a la que le brindamos todo el apoyo; a eso sumemos que es comunista y dirige al magisterio, un estamento en el ámbito de la educación siempre atacado, siempre vapuleado, tanto por la derecha como por la Concertación. Yo creo que Jaime Gajardo ha recibido un trato muy injusto, generado por la manipulación mediática, interesada en indisponer al Colegio de Profesores frente a la opinión pública.

Hay críticas desde la izquierda a la posición de las JJ.CC., a las que acusan de actuar en un plano preeminentemente institucional, y de volverle la espalda a los actores sociales, con el objeto de hacer alianzas con la Concertación. Es, políticamente, una crítica muy tosca y desinformada, cuando no malintencionada, pero ¿qué sientes tú ante ella?

Eso proviene del oportunismo. Hay mucha gente que levanta esa crítica que no tiene ningún trabajo fuera de la institucionalidad. Nosotros jamás hemos abandonado esa misión, es un trabajo histórico que nadie puede desconocer y que tiene incidencias a nivel sindical, territorial, comunal, juntas de vecinos, universidades, colegios. Somos un proyecto nacional importante y tenemos trabajo en todos los frentes de masas posibles. No nos pueden decir a nosotros que abandonamos el trabajo fuera de la institucionalidad para enfocarnos al diálogo con parlamentarios de la Concertación o del gobierno; eso es muy irresponsable y muy oportunista, lo cual no resta que seamos autocríticos. Como autocrítica, podemos decir que falta mucho para llegar a esa dirección. Muchas veces creemos que es más fácil llegar a convergencias tácticas para poder avanzar y estas no representan la opinión de la base en la que estamos insertos. Ahí hay que hacer una revisión y hay que hacer más esfuerzos, lo que no quiere decir que abandonemos ese espacio de construcción. Somos un partido de masas, un partido que está consciente de construir una mayoría de organización social. Siempre hemos estado abocados a eso, incluso tenemos compañeros que trabajan en organizaciones evangélicas. O sea, estamos agotando todos los espacios necesarios para generar mayorías en torno a un proyecto de transformación real, y eso implica agotar todos los recursos y ocupar todos los espacios y herramientas para avanzar, incluido, necesariamente, el plano institucional.

¿Te sorprende que esa crítica provenga de Nueva izquierda, que tiene origen comunista, y particularmente de Lagos, que compartió conducción con ustedes?

Claro, en un sentido me sorprende, pero en otro no tanto, porque eso es parte del oportunismo. Es gente que sabe cuál es nuestra tesis y sabe hacia dónde vamos, pero que hace su crítica simulando ignorarlo. Lo atribuyo al hecho que se da en un período de campaña, en el cual necesitan posicionarse. Y el único posicionamiento que pueden tener esas fuerzas se reduce a la crítica a la conducción, y nada más que eso. En su planteamiento habla solo de dos categorías: los que quieren solamente las bases, por sobre la institucionalidad y los que queremos, supuestamente, según él, solo el trabajo institucional. No define la tercera categoría. Entonces, está vaciado de contenido: ¿cuál es su posición?, ¿cuál es su propuesta? Ellos representan una política parasitaria, que se define en función del otro y no de quién soy, y de cuál es mi propuesta. Eso es altamente perjudicial para ellos, pero es su problema.

En el plano episódico y anecdótico ¿cómo etapificarías estos siete meses de conflicto?, ¿qué elementos lo desencadenaron?, ¿recuerdas cuál fue la primera piedra que se echó a rodar?

Primero el anuncio de la gran reforma educacional que se venía, ante lo cual no nos quedamos de brazos cruzados. Estábamos muy atentos a cuál era la agenda privatizadora que mencionamos por lo que venía planteando la Dirección de Educación Superior. El trabajo preparatorio del verano, que nosotros creíamos importante, nos definió algunas líneas de acción. Pero eso ocurrió más en el plano interno, o sea, no fue tan conocido. La primera movilización del 28 de abril, creo que fue realmente sorprendente. Nadie se esperaba tanta gente en la calle. Eso fue determinante. El 21 de mayo que fue nuestro primer ultimátum: el presidente de la República tiene que pronunciarse ante la demanda de este movimiento, y no dijo absolutamente nada importante, puras reformitas y cambios cosméticos y ahí se empezó a agudizar la cosa; empezó un proceso de radicalización. Hubo otro momento importante, del que no recuerdo bien la fecha, pero ocurrió una movilización donde nosotros abrimos realmente la Alameda, ya que no teníamos autorización y avanzamos. Ocupamos masivamente la Alameda.

¿Esa fue la del 4 de agosto?

No, fue antes.

¿La del 14 de junio?

Justo, cuando no teníamos autorización y avanzamos porque Carabineros nos dejó pasar, sin permiso del Intendente y por eso sacaron al Intendente. Puede que haya habido una antes, pero lo que tuvo como característica no fue haber sido particularmente violenta, sino que se logró recuperar la Alameda. Y eso fue porque se generó tanta presión en Plaza Italia que el Intendente tuvo que decir: «va a ser peor reprimirla que autorizarla», la autorizó y no estaba permitida; o sea, el Intendente había dicho que no la iba a autorizar, pero se enojó Zalaquett, se enojó el ministro del Interior. Bueno, eso fue un hecho, un hito, porque ahí realmente recuperamos la Alameda, fue una marcha muy pacífica. No pasó nada, de hecho, Carabineros como que se limitó, no hubo provocación y no pasó nada. El 4 de agosto fue otro hito importante, porque pensábamos que el movimiento iba en picada. De hecho, como que le ponían pocas fichas a esta movilización, y, sin embargo, con la no autorización de Hinzpeter, pasa que se genera ese Estado de Sitio. Nosotros convocamos igual a una concentración. Se crea el Estado de Sitio con una represión absolutamente desproporcionada, y tuvimos el cacerolazo en apoyo al movimiento estudiantil y contra la represión. Eso volvió a encender el movimiento. Se produjo una inflexión muy importante y le dio continuidad, ya que permitió recuperar las fuerzas al movimiento, mayor unidad y mayor respaldo social, porque el caceroleo no se produce por los estudiantes, sino que es la familia, de los departamentos, de los edificios, de casi todas las comunas...

¿Se te ocurrió a ti?

Nosotros lo *twiteamos* como un minuto antes, y había una idea que creo era de G.'80, la Generación de los '80. No sé a quién se le ocurrió, pero estábamos ahí y convocamos al cacerolazo por twitter unos minutos antes y prendió. Después del 4, bueno, el 24 y 25 de agosto, fue otro momento. Lo del parque O'Higgins, que fue un acto familiar, masivo, pero despampanantemente masivo. También fue importante, porque lo del paro ciudadano que se generó el 4 de agosto fue contra la represión, como dijimos ya aquí no estamos solos. Para lo del parque O'Higgins la gente viene y viene a manifestarse y a ser parte del movimiento a través de este acto. Y eran muchas, muchas familias, con hijos, cabros chicos, los abuelos, los papás, todos. Otro hito importante es la reunión con Piñera.

¿Qué recuerdas de esa reunión, que debe haber sido bastante fría, por decir lo menos?

Bueno, nosotros estábamos todos porque se generara esa instancia, pero yo fui de la postura de que no se diera, que no se fuera, porque no teníamos cómo ganar. O sea, en el contexto y en el escenario del accidente de Juan Fernández, no podíamos salir al otro día pataleando porque era un escenario complejo. Yo era de la idea de que no fuéramos a esa reunión y la verdad es que creo que ellos la impulsaron justamente por eso. Que fuera algo mediático pero que no significara nada. De hecho, fue una conversación. El presidente habla, el ministro hablaba, nosotros hablamos, se decía que había voluntades, pero nada concreto. De hecho yo le dije: «ya, pero su propuesta, o sea, ¿qué vamos a hacer, vamos a trabajar?, ¿tienen una metodología para que se discuta algo y no nos quedemos de brazos cruzados?». Entonces se notó que ellos no estaban interesados en ese espacio. Si hubieran estado interesados hubieran propuesto algo concreto. Pero no. Al final el ministro hizo una minuta, una propuesta metodológica de una plana; una vergüenza, que tuvimos que llevarla a las bases para que la revisaran y dijéramos si íbamos o no íbamos a sentarnos en una mesa de diálogo. Y ahí empezó la discusión de las garantías, porque era una chacota. Pero se notaba que ellos no tenían ninguna voluntad, eran una pantalla, una imagen, para la foto, y después estuvo el escenario de la catástrofe del archipiélago Juan Fernández.

¿Piensas que fue una especie de juego de piernas para ganar tiempo; o una salida de madre de Piñera que con su megalomanía puede haber pensado «este entuerto lo arreglo yo», o una operación fríamente calculada para mandar por el desvío al movimiento?, ¿qué sensación tienes del origen de la reunión con Piñera y la fallida mesa de negociaciones?

Yo creo que fue una salida de madre del presidente. El 24 y 25 de agosto si bien no fue un paro productivo, igual fue una presión. Él salió con que nos juntáramos a conversar de inmediato, y le dijimos que sí, que nos juntaríamos donde quiera, cuanto antes. Pero no fue cuanto antes, sino una semana después. ¿Por qué? Seguramente porque la UDI y otros sectores dijeron: «espera un poco; aquí somos un equipo y cuadremos lo que vamos a plantear». Y estuvieron toda una semana preparando cuál iba a ser la respuesta. En eso se vino el escenario de la catástrofe, que ellos aprovecharon para descartar el incordio de negociar con nosotros.

¿La llamada a ustedes fue una vez conocido el accidente?, ¿o fue meramente una coincidencia?

Pienso que se estaban preparando desde antes del accidente, para que la reunión no se saliera de control. Nosotros sabíamos que estaban postergando la fecha de la reunión, para tratar de ordenarse. Inicialmente era para mediados de semana, en términos ambiguos. El accidente se produce un viernes, y ese mismo día nos dicen, ya, es el sábado. Y todo lo que habían preparado les dio lo mismo. El escenario era distinto, después del accidente del avión. Ellos tenían todo a su favor; en un escenario nacional de mucha conmoción, era imposible sacar nada, ni alegar por nada. Ellos podían poner sobre la mesa lo que quisieran y nosotros no podíamos patalear. Fue complicado, muy complejo. Yo creo que se prepararon porque tenían que cuadrarse, tanto el presidente, como el gabinete y los partidos de derecha, para que la reunión no tomara cualquier curso. El accidente les dio el pretexto para zafarse, y ya como que todo dio lo mismo.

¿Y qué sentiste cuando esa funcionaria de gobierno salió diciendo que «se mata la perra y se acaba la leva»? Asociado a esta pregunta ¿has sentido problemas personales de seguridad involucrados?

A ver, primero me enojó, sentí como repulsión, porque es como lo más fascista de lo fascista. Además, que eso lo dijo Pinochet en función de Allende, o sea, me trajo a la mente lo peor de la historia de Chile de las últimas décadas, y uno no puede creer que esta gente de la derecha sea tan baja como para reeditar este tipo de frases o imágenes que son tan condenadas a nivel país. Y que se sientan con la potestad de hacerlo libremente, porque nunca se tomaron las acciones jurídicas para impedirlo, porque no ha sido el único pronunciamiento; ha habido otros, creo yo, a partir de la incitación a la violencia que han hecho muchas autoridades. Incluso una dijo que soy endemoniada. Expresiones como esas hacen que la gente más cercana a las posiciones de la derecha tome posiciones más radicales en función de eso, y me hayan amenazado. Con esos pronunciamientos públicos de determinadas autoridades, se convoca a que gente equis vaya y me amenace, y eso ha pasado a través de las redes sociales, con mi correo, etc. Yo creo que son acciones de cobardía. Dudo que un loco, que hay muchos además, trate de hacerme algo. Yo trato de vivir mi vida de la manera más relajada posible y no dejarme amedrentar. Creo que también buscan eso, que uno se sienta limitado en su accionar, no camine por las calles, no converse con la gente o como que empiece a dudar de lo que uno está haciendo, por miedo. Creo que no se puede caer en eso, no se les puede seguir el juego y el amedrentamiento político es algo que utilizan mucho, tanto la derecha como cualquier gobierno fascista. He tratado de, si bien cuidarme, no caer en la paranoia y estar sumamente resguardada. En las movilizaciones yo no ando con mucha seguridad o protección en las calles; no me inhibo de movilizarme, de andar por las calles. De hecho, la gente en las calles me apoya. Y quienes no están de acuerdo conmigo han tomado siempre una actitud muy cobarde; o sea, me dicen algo y ni me miran ni a los ojos y se van. Pero la mayoría de la gente me saluda y me dice que me está cuidando. Lo siento como un respaldo sumamente importante.

Ya hemos hablado de los medios de comunicación, pero creo que ameritan una repasada, por cuanto son un factor estratégico en la configuración del conflicto planteado por el movimiento estudiantil...

Los medios de comunicación en Chile hacen política, y lo peor es que hacen política en función de ciertos intereses a los que pertenecen. Existe un duopolio, a nivel empresarial, de la derecha. Pero este año hubo momentos en que no pudieron jugar impunemente contra el movimiento. O sea, estaban en función del movimiento, porque realmente era masivo, gigante, emergente, muy creativo; luego, los medios de comunicación no podían inventar que fuera malo; pero en un momento, cuando el conflicto se empieza a prolongar y ya ven que tenían que asumir una posición política mayor, empiezan a indisponer a la opinión pública contra nosotros. Entonces, se dedicaron a destacar lo de la violencia, a cuestionar nuestras demandas, a calificarlas de extremas, etc. Y ahí creo que a nosotros se nos plantea el nuevo desafío de ver cómo democratizamos el acceso y la producción de comunicación en nuestro país, a través de medios alternativos, de las redes sociales; porque es urgente que la gente entienda que lo que pasa no es lo que le transmite la televisión. La gente asume la realidad a través de la televisión. Y eso no puede ser.

Hoy hay nuevo sectores de las comunicaciones, como las redes sociales y una gran profusión de medios alternativos, que ofrecen mayores posibilidades de comunicar que hace no mucho tiempo atrás...

Claro, y está la radio, que también ha contribuido. Las radios son una mejor alternativa que la televisión. Por lo tanto, se amplían los canales y medios para transmitir la información y la comunicación. Los movimientos sociales siempre traen eso a la par.

En el ámbito universitario hay canales digitales y hay medios de comunicación alternativos, están las redes sociales, pero eso, obviamente, no puede nublar el horizonte que es que nuestros principales medios de comunicación, principalmente la televisión, se democraticen y no pertenezcan a un cierto conglomerado que parcializa absolutamente la transmisión de información.

Una última pregunta, Camila: ¿qué ha significado para ti convertirte a una edad temprana en un líder reconocida, en la que toda una generación deposita su esperanza?

Yo creo que lo asumo como la gran responsabilidad de mi vida. Estoy convencidísima de que esto no depende solo de la dirigencia o de los líderes carismáticos, sino del movimiento que tiene que construirse y replantearse día a día. Entonces, si el día de mañana no estoy, confío plenamente en que el movimiento tiene que seguir y va a seguir. Ahora, también es una postura que uno asume con compromiso, porque también es necesario que haya gente a la cabeza, también esto llama a una responsabilidad muy grande. La presión que existe no solamente a nivel de universidad, de movimiento estudiantil, de movimientos sociales o a nivel de país, sino incluso a nivel mundial, es muy grande. Es una manera de aportar a que esto pueda llegar a buen puerto, pueda ir logrando conquistas importantes para la lucha que están dando otros pueblos y otros movimientos a nivel mundial. Chile hoy es un referente; entonces, el peso que uno siente sobre las espaldas es muy grande. Sabe que no depende de uno, pero también uno se da cuenta, y no todo el mundo se da cuenta. Cuando viajamos a Francia, por ejemplo, Giorgio, Francisco y yo dijimos: «chuta, en verdad lo que estamos haciendo no es menor, todos están pendientes, todos creen que es necesario y urgente avanzar y nosotros tenemos que responder ante eso, porque estamos jugando con las esperanzas de muchos chilenos, pero también de otros, gente de otros países». En el contexto mundial se está viviendo el cuestionamiento a un cierto modelo de desarrollo. Que en un país haya una victoria, es fundamental para que en los otros vayan avanzando en la misma historia. Y eso que quizás no todos entienden, yo lo he vivido muy fuerte y es como una presión que te impulsa a seguir trabajando y a seguir en esta pelea, más allá de que demore, porque demora. Creo que hay que seguir dando la batalla, porque no hay otra forma.

Si me permites una reflexión personal, pertenezco a una generación que ha conocido tres momentos, por así decirlo, revolucionarios, lo que no es frecuente: el gobierno de la Unidad Popular, la lucha contra la dictadura, y ahora. Sin embargo, de los tres momentos, el actual destaca por los problemas que está experimentando el capitalismo. No digo que lo vamos a derrotar a la vuelta de la esquina, pero está mostrando fisuras que parecen precipicios. Siento que ninguna de las luchas anteriores ha sido en vano y que todas van perfilando el cambio. Desde luego, Latinoamérica es mirada en Europa como antes nosotros los mirábamos a ellos, porque allá era donde pasaban las cosas. Hoy es al revés, porque aquí está el principal teatro de acontecimientos. Con todo esto quiero decir que a la generación de ustedes le tocó un momento histórico muy especial y retador…

Sí. Yo creo que siempre es importante no caer en la frustración, entender que son períodos, movimientos que se levantan, desaparecen y se vuelven a levantar, pero no quiere decir que mueran, sino que hay expresiones distintas de los movimientos. Hay algunos que se pueden visualizar, otros, más a nivel de cómo crear conciencia, discusiones, propuestas y, de repente, surge. Es importante no caer en la frustración por más que el movimiento no logre grandes conquistas en lo inmediato. Por esto siento necesario mantener la convicción plena de que hay que seguir, seguir y seguir, porque nuestras luchas no se deben a nosotros mismos, sino a una acumulación mayor, una acumulación a nivel mundial de una fuerza, una esperanza, una propuesta alternativa para combatir el modelo capitalista que, como tú dices, ya está lleno de precipicios. El mundo no necesita un reacomodo, sino un cambio profundo, de raíz.

Columnas y discursos

Algunos desafíos*

En este nuevo período de la política nacional, los estudiantes y los ciudadanos en general o nos resignamos a contemplar cómo se profundizan las medidas privatizadoras del actual gobierno (ya avanzadas por la Concertación), o nos levantamos a construir una nueva mayoría social y política, capaz de afrontar con propuestas sólidas un nuevo modelo de educación superior, que ponga en su eje central la redefinición del rol público de la educación, actualmente en disputa.

La FECh, al igual que todas las organizaciones estudiantiles, debe orientar sus objetivos y su trabajo a hacer que las instituciones de educación superior públicas sean verdaderos espacios abiertos al debate, al pluralismo, que sean formadores de profesionales íntegros, con conciencia crítica e inspirados en la urgencia de la democratización del Estado y la sociedad, capaces de repensar el actual modelo de desarrollo. Para esto se necesita reposicionar las casas de estudio en su misión como detonante de la socialización del conocimiento y la posibilidad de que todos los chilenos, representados en su heterogeneidad

---

* Post publicado el 25 de octubre de 2010 en el blog de Camila Vallejo: http://camilapresidenta.blogspot.com.

socioeconómica en el interior de las instituciones, se empodere del quehacer universitario y del proyecto educativo que su región y el país requieren. Estos son aspectos fundamentales para lograr un país más justo e igualitario.

¿Cómo hacerlo?

- Profundizando la democracia en el interior de nuestra institución. La participación de todos los que componen la comunidad universitaria en la toma de decisiones es fundamental para el desarrollo de la institución con carácter público, y permite la formación no solo de profesionales, sino de ciudadanos capaces de incidir en su paso por la universidad y, posteriormente, desde su ámbito laboral, en la profundización de la democracia en nuestro país.

- Incidiendo en la reforma del pregrado para asegurar que las disciplinas puedan repensarse sin que predominen en ellas criterios de mercado, sino que pongan como eje central su rol ante el desarrollo endógeno de la nación, con visión crítica, pluralismo y orientadas siempre a responder en primera instancia a las necesidades del país y no a las de intereses privados o corporativistas.

- Creciendo con equidad. La distribución del presupuesto es fundamental para que haya igualdad de trato hacia todas las áreas del conocimiento, sean estas rentables o no. Es fundamental asegurar la calidad y la permanencia de disciplinas ligadas a las artes, las pedagogías y ciencias sociales para que la universidad realmente cumpla con el desarrollo intelectual, espiritual y material de la nación.

- Cambiando los mecanismos de acceso, para que la universidad sea representativa de la sociedad en la que vivimos. No solo la lógica del autofinanciamiento ha significado la elitización de las universidades públicas, la PSU sigue siendo un filtro de clases que impide el ingreso de los quintiles más bajos de la población, que son la mayoría de nuestro país y que han demostrado tener incluso mejor rendimiento que sectores más altos.

Sin embargo, para asegurar que la existencia de un sistema nacional de educación superior realmente público se haga efectiva, debe el Estado asumir su responsabilidad, que ya es una deuda histórica. Como Estudiantes de Izquierda creemos que la educación es una obligación del Estado y es un derecho de todos los individuos, ya que es a través de esta que el Estado forma a los ciudadanos que ayudan a sustentar la sociedad democrática, participativa, multiétnica y pluricultural en un Estado de justicia y descentralizado.

Es por esto que el financiamiento de las instituciones públicas debe ser asumido por el Estado, no por las familias. Actualmente, alrededor de un 80% de las universidades públicas es financiado por las familias, lo que reafirma el paradigma de la educación como bien privado y no social. No debemos dudar en el momento de exigir la recuperación de los niveles de financiamiento estatal alcanzados durante el gobierno de la Unidad Popular para las universidades del CRUCH y un aporte proporcional a la misión asumida por aquellas universidades y centros de estudio que se enmarquen en objetivos vinculados al desarrollo nacional, lo que no pasa por una simple acreditación. La calidad de las instituciones, medida por el proceso de acreditación, es el requisito mínimo para su existencia, no una cualidad que deba premiarse con plata de todos los chilenos.

Sabemos que no es imposible financiar la educación pública en su totalidad; basta considerar que solo el 1% de las ganancias de las mineras extranjeras equivalen a 200 millones de dólares, y con esta cifra se podría duplicar el gasto en académicos, las becas, los préstamos estudiantiles, la compra de maquinaria y equipo de la Universidad de Chile; y que con el 0,7% de las ganancias de las mineras se podría cubrir el total de aranceles pagados por los estudiantes. Solo falta voluntad política.

Finalmente, algo fundamental para reposicionar el rol público de la educación es generar un movimiento social amplio con académicos, funcionarios, secundarios, centros de estudios, etc. que converja en acciones concretas y que permita trascender a la Universidad de Chile; un movimiento que genere correlación de fuerzas y que sea capaz de pensar el sistema de educación superior público en sus conjunto. Solo así podremos hacer frente a las reformas privatizadoras que se implementarán el próximo año.

Discurso en la asunción de la presidencia de la Federación de Estudiantes de la Universidad de Chile

Mi nombre es Camila Antonia Amaranta Vallejo Dowling, y quisiera, antes que todo, poder expresarles a los presentes el orgullo y el desafío que significa para mí encabezar la Federación de Estudiantes más importante de Chile; es una gran responsabilidad que significa hacerse cargo de 104 años de historia, 104 años de aventuras y desventuras, 104 años de lucha en el seno del movimiento estudiantil.

Y es un orgullo y un gran desafío porque vengo de aquellos lugares que no reciben condecoraciones, de los cuales poco y nada se dice, porque poco y nada se sabe, lugares que a veces incluso se llegan a olvidar.

Mis estudios secundarios los cursé en un pequeño colegio cuyo nombre significa «tierra florida», extraña paradoja, ya que en sus patios se respira más tierra que flores, y en sus salas de madera se acumula el polvo de generaciones de alumnos no emblemáticos, que nunca llegaran a ocupar los puestos de poder más importantes de nuestro país.

Mi carrera, una de las más pequeñas de esta universidad, casi no se encuentra en el consciente colectivo, se pierde entre los pasillos de la FAU y se confunde con otras disciplinas. La Geografía en esta universidad casi no tiene tiempo ni espacio, otra paradoja.

Sin embargo, lo más terrible es darse cuenta de que esto no pasa solo en Geografía, sino que también en Administración Pública, que es carrera de ocho a seis, porque después de las seis de la tarde no hay universidad para ellos, una carrera que debiese ser fundamental para fortalecer el sistema público. Y también ocurre en Educación y, de pronto, nos damos cuenta de que no son solo unas pocas carreras, sino que es toda una rama del saber, es toda un área del conocimiento la que ha caído en la pobreza universitaria como consecuencia de las lógicas del mercado implementadas ya a lo largo de estos últimos treinta años.

Y a lo pequeño y olvidado de mi lugar de origen, se suma, además, mi corto tiempo de vida; con veintidós años vengo a ser la segunda mujer presidenta de la FECh en más de cien años de historia. Y usted, rector, tendrá el privilegio de ser el segundo en la historia de la Universidad que es acompañado por una mujer en la presidencia de nuestra Federación de Estudiantes.

Ahora bien, puede que en este momento me toque a mí ejercer el cargo de presidenta; sin embargo, debo decir que yo sola jamás habría logrado todo esto y que mis manos son tan solo un par más dentro de tantas otras, y en donde todas juntas son las que levantan este proyecto colectivo que se llama Estudiantes de Izquierda, el cual ya se encamina a su tercer período consecutivo al mando de nuestra Federación.

Si me permiten contarles un poco acerca de Estudiantes de Izquierda, debo decirles que como colectivo político estamos presentes en amplios espacios de nuestra universidad, que en nuestro interior se expresa la máxima diversidad estudiantil, que entendemos que la izquierda debe construirse con participación y democracia y que esta elección, donde hemos aumentado casi 400 votos respecto de la elección anterior, nos demuestra que como movimiento estamos vinculados orgánicamente con las bases estudiantiles de nuestra universidad.

Como Estudiantes de Izquierda sentimos la responsabilidad ética de hacer política, porque la administración del poder por los poderosos de siempre nos obliga a entrometernos en sus asuntos, porque estos asuntos son también nuestros asuntos y porque no podemos dejar que unos pocos privilegiados sean quienes eternamente definan las medidas y contornos que debe tener nuestra patria, y las ajusten siempre a sus pequeños intereses.

Creemos que la clave del éxito para el movimiento estudiantil está en volver a situar a la Federación en una posición de vanguardia a nivel nacional, en volver a entretejer redes sociales con los pobladores, los trabajadores, las organizaciones sociales y gremiales, los jóvenes que se quedaron fuera de la universidad pateando piedras; en otras palabras, hablamos de volver nuestra mirada al conjunto de los problemas sociales que hoy rodean a la universidad y con los cuales estamos íntimamente vinculados y comprometidos.

Debemos romper con aquella burbuja universitaria que instala el individualismo, la competencia y el exitismo personal como patrón de conducta para los estudiantes por encima de ideas y conceptos fundamentales como son la solidaridad, la comunidad y la colaboración entre nosotros.

Somos contrarios a la visión de que la universidad es solo venir, sacarse buenas notas, y abandonar cuanto antes sus aulas para salir pronto a ganar dinero en el mercado laboral; tenemos los ojos lo suficientemente abiertos como para darnos cuenta de que afuera hay un mundo entero por conquistar, que este mundo requiere de nuestra entrega, de nuestro esfuerzo y de nuestro sacrificio y que para quienes ya hemos abierto los ojos a las inequidades sociales que asoman por todos los rincones de nuestra ciudad, se nos vuelve imposible volver a cerrar la puerta y hacer como que nada hemos visto o como que nada ha pasado. Nuestro compromiso por la transformación social es irrenunciable, porque necesitamos hoy, más que nunca, una profunda discusión respecto del país que queremos construir y, a partir de esto, cuál es el tipo de universidad que se pondrá al centro de dicha construcción. No creemos en la universidad como un espacio neutro dentro de la sociedad: la universidad es un agente vivo en su construcción y en el desarrollo del proyecto de país que como ciudadanos levantamos día a día. Nuestra responsabilidad está en generar organización al interior de aquella, que nos permita transformar la universidad para así poder transformar la sociedad.

Nuestro concepto de universidad nos habla de un espacio abierto, participativo y democrático, con una comunidad universitaria activa, dialogante, una comunidad que se involucra en el diseño y en la conducción de su casa de estudios.

Nuestra visión es la de una universidad que se ubique ya no entre las primeras de los rankings de la competencia o el marketing universitario —de los cuales hoy en día mucho se habla—, sino que se ubique en el primer lugar en el aporte al desarrollo social del país; el primer lugar en el fomento de la equidad en cuanto a la composición social de sus estudiantes; que ocupe el primer lugar en el desarrollo de la ciencia y la tecnología al servicio de los intereses de Chile y su pueblo.

Creemos en una universidad permanentemente vinculada con los problemas que nuestro pueblo le presenta, activa en la búsqueda de soluciones y en la entrega de aportes por medio del conocimiento.

Sin embargo, nuestra realidad actual dista mucho de estos conceptos brevemente aquí esbozados. Hoy la universidad es cada vez más un proyecto sin otro norte que el que le señala el mercado; a la educación superior se le ha puesto precio y nuestras universidades son medidas por criterios industriales de producción como si fueran una empresa más dentro del esquema productivo de la nación; una empresa especial con muchas comodidades en su proceso productivo, pero empresa al fin y al cabo.

En este esquema, un rol fundamental lo jugó el desfinanciamiento sistemático que vivió la universidad pública en el momento en que se implementaron las políticas neoliberales. El autofinanciamiento, establecido como doctrina, fue un golpe seco que dio en la esencia misma de lo que constituía el quehacer universitario hasta ese momento, condicionando y sometiendo a la universidad a lógicas y esquemas mercantiles que le eran desconocidos. La universidad pública tuvo que verse obligada a competir en situaciones desfavorables en lo que se llamó «el nuevo mercado de la educación superior»: se le puso precio, tuvo que venderse a sí misma para poder captar mayores recursos y continuar así con su proyecto educativo, perdió su brillo y su color, perdió su esencia transformadora y quedó botada en un rincón, ya incapaz de reconocerse a sí misma.

Estamos hablando de que se operó un cambio estratégico en el desarrollo de la universidad, que ha sido irremontable hasta este momento. Con ello hubo sectores importantes del quehacer universitario que producto de su no rentabilidad económica fueron cayendo rápidamente en la desgracia y el abandono; las universidades públicas se volcaron a sí mismas, vivieron casi un chauvinismo institucional, donde cada una se preocupaba por su propia sobrevivencia, y se perdió la visión de conjunto que poseía nuestro antiguo sistema de educación superior pública.

Este procedimiento, operado en plena dictadura, siguió su curso con los gobiernos de la Concertación, que no operaron mayores cambios; más bien, se dedicaron a administrar con comodidad el modelo heredado y en algunas líneas, incluso, lo profundizaron. No obstante, pasaron los años y el control del gobierno volvió a las manos de quienes tiempo atrás habían gobernado con trajes de civiles detrás de los uniformes de soldados.

Según nuestra mirada, esto representa un peligro fatal para la universidad pública hoy en día, creemos que el gobierno de los empresarios busca poner el broche de oro a la privatización total de la educación superior, sellando definitivamente la obra que iniciaron desde las sombras en los años ochenta. La designación de Harald Beyer y de Álvaro Saieh en nuestro Consejo Universitario, dos grandes defensores del modelo de mercado y el actual presupuesto nacional en el área de la educación superior, son grandes indicativos de aquello. Son medidas que nos muestran nítidamente que el gobierno se apresta a poner en marcha una agenda privatizadora a gran escala y que, por lo tanto, el año 2011 será estratégico en su implementación.

Esta será una batalla importante que enfrentará nuestro sector el próximo año. Para dar respuesta a este desafío debemos desplegar un movimiento que trascienda a los estudiantes, necesitaremos de los académicos, los trabajadores, las autoridades universitarias, todos juntos en las calles exigiendo que el Estado cumpla con sus universidades, que el Estado cumpla con la educación superior pública de nuestro país.

Sin embargo, el problema no pasa tan solo por exigirle al Estado lo que a nuestras universidades le debe, sino que también debemos mirarnos autocríticamente y preguntarnos qué es lo que como universidad le estamos entregando a nuestro pueblo. Necesitamos un nuevo trato del Estado hacia la educación superior pública de nuestro país y, a la vez, necesitamos un nuevo compromiso de las universidades públicas con el pueblo de Chile y sus intereses: esta universidad tiene que ser la universidad de todos los chilenos y no solo la de unos pocos.

A nadie le es indiferente que en nuestra casa de estudios se perpetúen desigualdades fundamentales que determinan, por ejemplo, que el 20% más rico de la población tenga más del 50% de las matrículas. En cualquier sociedad que se precie de ser justa y democrática esta desigualdad fundamental es inaceptable.

¿Seguiremos educando solo a las élites socioeconómicas o nos aseguraremos de implementar un sistema de acceso que permita que todos los jóvenes con talentos y habilidades, independientemente de su origen y capacidad de pago, puedan permanecer en la universidad?

¿Seguiremos dejando que solo aquellas disciplinas que son rentables en el mercado alcancen niveles de desarrollo armónicos y de excelencia o aseguraremos de manera efectiva que todas las áreas del conocimiento tengan un trato justo y así puedan contribuir a consolidar la sociedad que anhelamos, ya no solo en términos económicos, sino en términos culturales, intelectuales, cívicos, de valores, es decir, con seres humanos íntegros?

Por más que quieran hacernos creer lo contrario, para nosotros la universidad no puede ser un negocio ni mucho menos la educación puede ser una mercancía.

La pelea será dura, pero está el futuro de la universidad en juego y en esta batalla nosotros no bajaremos los brazos.

No quiero terminar mis palabras sin antes aludir a un hecho que para mí reviste gran notoriedad; algo señalaba anteriormente, pero quisiera ahora poder extenderme un poco más en aquello: me refiero a mi condición de mujer.

Como mujer puedo ver y vivenciar en carne propia las formas de opresión de las que somos víctimas en la actual configuración machista de la sociedad. En Chile nos decimos un país desarrollado y nos llenamos de orgullo por nuestro reciente ingreso a la OCDE; no obstante, detrás de la cortina del progreso económico y del optimismo del jaguar latinoamericano se esconde una historia de opresión y sexismo que aún perdura hasta nuestros días. Las mujeres seguimos sufriendo hoy en día todo tipo de discriminaciones a la hora de buscar trabajo, en los planes de cobertura para nuestra salud, en la escala de sueldos, incluso a la hora de participar en política.

Tan solo ayer leía unas ideas que quisiera trasladarles en este momento, ya que me parecen esclarecedoras en relación con lo que les quiero decir, cito:

> [...] respecto de las mujeres, cuando buscan trabajo, además de calificación se le pide presencia y no basta con que sean amables y generosas, sino que deben además ser graciosas, simpáticas y coquetas, pero no mucho.
>
> Se les exige estar presentables y cuando juzgan que se ha pasado un milímetro, se les critica por presuntuosas. Se les elogia por ser madres y se les excluye por tener hijos.
>
> De la mujer se sospecha cuando es joven porque desestabiliza a la manada y se le rechaza cuando los años pasan porque ha perdido competitividad. Es excomulgada por fea

y también cuando es bella. En el primer caso se dice que es repulsiva, en el segundo provocadora. Cuando no es lo uno ni lo otro la tildan de mediocre.

Estas son las condiciones en las cuales las mujeres nos desarrollamos actualmente, estas son las condiciones que desde mi presidencia también buscaré transformar.

Muchas gracias.

La PSU como mecanismo de exclusión*

Λ pesar del argumento que sostuvo el cambio de la PAA por la PSU durante el 2002, que fue el de lograr otorgar mayor equidad en el ingreso a la educación superior, los resultados de la PSU siguen evidenciando la ampliación de las brechas de puntaje entre establecimientos particulares y municipales.

La afirmación de que la PAA era una medición que mantenía la inequidad debido a que se basaba mucho en los aspectos hereditarios como la familia, el capital cultural y la carga genética, es una realidad que no ha podido ser superada por la actual PSU. La brecha entre los resultados que obtienen los jóvenes provenientes de colegios particulares y los que provienen de liceos municipales, en vez de disminuir ha ido aumentando, de un 118,5 en el 2005 a un 153,2 este año. Hoy evidenciamos que, si bien los puntajes nacionales provenientes de escuelas municipales han aumentado en cuatro puntos porcentuales, esto se debe a un crecimiento no homogéneo, sino, más bien, centrado en el incremento de puntajes nacionales provenientes del Instituto Nacional y del liceo José Vicotrino Lastarria, lo

---

*   Post publicado el 3 de enero de 2011 en el blog de Camila Vallejo: http://camilapresidenta.blogspot.com.

cual deja mucho que desear para la superación de la desigualdad en el conjunto del sistema. Junto a esto, la diferencia entre el 66% proveniente de escuelas particulares en contraposición a un 17% de municipales, sigue siendo una realidad preocupante.

Si anualmente se incrementan los contenidos curriculares que se evalúan en la PSU, es lógico que los estudiantes de colegios municipales no puedan competir contra quienes reciben el currículo completo en establecimientos particulares, situación que se agudiza cuando la oportunidad de repasar los contenidos en un preuniversitario depende directamente de la situación socioeconómica de las familias de los estudiantes.

Lamentablemente, no se ha avanzado en considerar la desigual calidad de la educación en Chile como criterio base para la elaboración adecuada de un mecanismo de evaluación que permita reconocer a los más capacitados dentro de su contexto social, cultural y económico de manera particular.

En los hechos se está produciendo una notable concentración de los estudiantes de más altos ingresos en la educación superior, principalmente en las universidades, aún cuando ya es sabido que los talentos están repartidos democráticamente en el sistema escolar. Efectivamente, cuestionarse la efectividad del sistema actual resulta ser una necesidad imperiosa en el momento de hablar de la educación como un derecho y no como el privilegio de quienes puedan pagarla.

Ante esto resulta valorable la apertura de uno de los miembros del Consejo Técnico Asesor del CRUCH para que la PSU sea auditada. Una auditoría técnica de carácter internacional sería un gran avance en la dirección de hacer de este instrumento un buen mecanismo de evaluación, y contribuiría además a devolverle transparencia y credibilidad al proceso, particularmente porque, en los hechos, el país ha tenido que experimentar el ocultamiento de información en este ámbito (recordemos que aún no se ha querido hacer público el único informe de la PSU realizado en 2004 por expertos del Educational Testing Service) debido a los malos resultados obtenidos en su primera aplicación; pero, además de la transparencia, es necesario establecer criterios mínimos para su evaluación, como la estimación de los efectos que las pruebas están produciendo en la enseñanza media al condicionar los procesos de enseñanza-aprendizaje, cuestión que no se remite solo a la PSU, sino a cualquier mecanismo de evaluación estandarizada, tendiente a transformar los procesos educativos en entrenamientos para responder a las pruebas.

Otro aspecto fundamental es el análisis de la reducción de oportunidades de acceso a la universidad por parte de los estratos más bajos debido al uso de pruebas vinculadas al currículo. No es menor que expertos internacionales hayan advertido que las pruebas de admisión de contenidos extensos atentan contra las oportunidades de acceso universitario de los pobres. Esto abre también la discusión acerca de la pertinencia de los contenidos que deben evaluarse para las carreras elegidas.

Que la prueba evalúe talentos y habilidades más que contenidos es una discusión abierta que esta auditoría debiese ser capaz de zanjar o, por lo menos, aclarar. Criterios étnicos y de género serían también aspectos que necesitan considerarse en esta auditoría. La notable diferencia entre los puntajes nacionales de hombres en relación con los de mujeres (85%-15%) es algo que merece ser estudiado seriamente.

Si junto con esta auditoría no avanzamos hacia un nuevo y mejor mecanismo de evaluación, pertinente a la realidad socioeducativa de los establecimientos, seguiremos profundizando la inequidad del sistema en perjuicio de los alumnos provenientes de la educación municipal, sobre todo de la enseñanza técnico-profesional, y el negocio de los preuniversitarios seguirá expandiéndose a favor de los estudiantes con capacidad de pago.

Alternativas existen y en su aplicación han demostrado buenos resultados, pero ha faltado voluntad política para instalarlas a nivel nacional e institucional. El propedéutico de la USACH que ahora se está implementando en la Universidad Católica Silva Henríquez, en la Alberto Hurtado y la Academia de Humanismo Cristiano, son un claro ejemplo de que se puede caminar hacia un mecanismo de acceso más justo, capaz de detectar a los mejores estudiantes de los colegios municipales más vulnerables para insertarlos e incluirlos en la educación terciaria y así superar las barreras de clase de este sistema.

Requerimos de manera urgente que las autoridades asuman ese compromiso, incluyendo mecanismos complementarios de acceso a las universidades, que le den una mayor valorización al ranking, las realidades regionales y los ambientes escolares con la intención de valorar preponderantemente el esfuerzo personal de los estudiantes de acuerdo con su contexto social inmediato.

¿Y cuál es la revolución educativa?

Tras haber escuchado por cadena nacional al presidente Piñera, cuando daba a conocer una serie de medidas en el campo de la educación que irían orientadas a mejorar la calidad y la equidad de esta, nos hemos preguntado, al menos los principales actores del mundo de la educación, por qué esta serie de medidas se han anunciado como la «Gran Revolución Educativa».

¿Dónde está lo revolucionario?, ¿acaso estas medidas apuntan al origen de la crisis educativa, en aspectos como la institucionalidad, el marco regulatorio o su financiamiento a la demanda? Nada apunta a un cambio estructural de la realidad inequitativa y segmentada de nuestra educación, la necesidad de responsabilizar constitucionalmente al Estado en el aseguramiento del derecho a la educación queda nuevamente en el olvido y el derecho a la libertad de enseñanza (que no es más que la libertad de los colegios para escoger a los padres según lo que puedan pagar) sigue guiando el escenario libremercadista de la educación.

De la estructura administrativa, o municipalización de la educación escolar, tampoco se plantean cambios reales; por el contrario, se sigue reproduciendo la lógica del financiamiento a través de *vouchers* que solo significan la privatización del gasto público, y benefician cada vez más al sistema privado subvencionado en desmedro de la ya débil y reducida educación pública municipal.

Las medidas se enfocan en aspectos accesorios, y sobrevaloran los mecanismos de evaluación estandarizados como medidores y diferenciadores de la calidad de los establecimientos y los incentivos económicos como forma de asegurar su buen desempeño. Estos mecanismos lamentablemente carecen tanto de sustento técnico como de pertinencia social, de capacidad de diagnosticar y entender la realidad de nuestro país, y la situación de crisis de nuestro sistema.

Sobre los sistemas de evaluación estandarizados como la PSU, el SIMCE y la prueba INICIA, son evidentes las consecuencias que trajo la Ley «No Child Left Behind» 2002, durante el gobierno de George W. Bush, que asociaba el financiamiento escolar a mejoras en las notas de los test. Concluyentes fueron los dichos del Premio Nacional de Economía, James Heckman, al señalar que los niños terminaron aprendiendo solo lo que les era testeado, y esto corrompía el proceso educativo en los colegios al entrenar solo para las pruebas, lo que devela el fracaso de la política educativa estadounidense para asegurar la calidad.

Efectivamente, los test no aseguran calidad, puesto que se centran solo en la etapa final del proceso educativo y no en su desarrollo, y son, además, instrumentos utilizados para fomentar la competencia en condiciones absolutamente desiguales. No olvidemos que los sostenedores privados que reciben subvención estatal pueden seleccionar estudiantes, por lo que se segmenta el sistema escolar y se impide una evaluación adecuada de la calidad de la educación (OPECH, 2006). Esto lo que hace es que las pruebas no solo terminen siendo un reflejo de la desigualdad, sino que sean un componente fundamental para su reproducción.

El no asumir que estamos ante un sistema socioeducativo altamente segmentado e inequitativo evidencia la poca pertinencia de estas medidas para la realidad de nuestro país, lo que hace dudar de la intención por mejorar la calidad de todos los establecimientos, sobre todo los municipales. Las evaluaciones estandarizadas no aseguran calidad y propiciarán una competencia aún más descarnada por obtener buenos puntajes para recibir mayor financiamiento. La semaforización de los colegios promoverá la concentración de los «mejores» estudiantes y conllevará a una mayor exclusión, elitización y reducción del sistema público.

Los incentivos a los mejores resultados son también una política errada para un sistema educacional que arroja resultados muy diversos, fruto de su alta segmentación. Las Becas de Vocación de Profesores premian económicamente a los mejores puntajes PSU, los cuales provienen de las familias de mayor ingreso, por lo que constituye una medida regresiva que refuerza las inequidades ligadas al origen social de los estudiantes y contribuyen a reforzar el equívoco concepto del «buen estudiante», aún asociado a quien obtiene un buen puntaje PSU y no a quienes tienen la vocación y el esfuerzo por aprender a pesar de la adversidad.

Evidentemente, no hay una relación directa entre el puntaje PSU y la vocación de los estudiantes hacia la pedagogía, tampoco se asegura la calidad de los programas a los cuales van a ingresar los estudiantes debido a que solo se les exige estar acreditados dos años; es decir, no hay medida alguna que apunte a mejorar los procesos educativos, menos, a reforzar las pedagogías de las instituciones públicas. Recordemos que esta medida se enmarca en la política gubernamental de aumentar aún más la liberalización de recursos fiscales al sector privado (FDI, becas, créditos, etc.)

Otro de los incentivos corresponde a la escala de sueldos por resultados de la prueba INICIA, lo que resulta inconcebible cuando observamos que es un mecanismo que sirve para garantizar mínimos de conocimientos, pero no para asegurar un buen desempeño docente futuro. El buen profesor no se determina por cuánto memorizó para una prueba, o cuánto contenido maneja, sino por su capacidad de traspasar esos conocimientos a los estudiantes a través de la relación dialógica que puede establecer con ellos.

Por otro lado, si bien es cierto que uno de los problemas del buen desempeño de los establecimientos es la falta de directores con capacidades técnico-pedagógicas, se les pretende otorgar atribuciones que terminan por transformar los establecimientos en verdaderas empresas y a sus directores en gerentes, con capacidad de escoger arbitrariamente su equipo técnico directivo, de evaluar descentralizadamente, de despedir con causales muchas veces ambiguas (incumplimientos «graves» del reglamento interno) y sin una política orientada a capacitar a los docentes mal evaluados para una adecuada reinserción laboral.

Se evidencia una falta de preocupación por las diversas condiciones de enseñanza y el contexto social en el que se desenvuelven los profesores, ya que los criterios de evaluación todavía se centran en los contenidos y no en el ambiente en el cual estos deben ejercer la pedagogía. Se suma la falta de éxito académico que puede llegar a tener los estudiantes cuando existe una movilidad de profesores muy grande entre escuelas por causa de los despidos anuales.

Los cambios curriculares son los que han generado mayor rechazo a nivel transversal, tanto del mundo social como de los actores políticos e intelectuales. Cabe señalar nuevamente la falta de sustento técnico respecto a la justificación del Ejecutivo para avalar esta propuesta. Aumentar las horas de Lenguaje y Matemáticas es una medida que cae por su propio peso al revisar el informe de la OCDE 2009, que indica que las horas en Matemáticas superan en treinta y seis y cuarenta horas al promedio de los países de la OCDE y en tres horas de Lenguaje sobre el promedio para los niños de doce a catorce años.

Por otro lado, la propuesta también carece de una visión integral respecto al tipo de ser humano o ciudadano que queremos formar. La Historia, la Geografía y las Ciencias Sociales son elementos de aprendizaje fundamentales para el reconocimiento y el entendimiento de la sociedad y el mundo en el cual nos desenvolvemos, nos permiten formarnos con pensamiento crítico y opinión, cuestiones fundamentales para el desenvolvimiento diario del ser humano, ya que otorga facultades para tomar decisiones y proyectar transformaciones sociales.

Claramente, de nada nos servirá saber leer, escribir y sacar cálculos si no sabemos el origen de los conceptos, de las palabras, sus contextos históricos y sus desarrollos. Estaremos formando autómatas, meros reproductores de un injusto modelo de desarrollo, en un país que pide a gritos reconocer su pasado en un diálogo abierto y transparente, para poder, al fin, proyectar un futuro mejor.

Hacia el XVI Congreso Latinoamericano y Caribeño de Estudiantes*

La educación y, particularmente, la educación superior ha sido, y es, una preocupación de la juventud latinoamericana y mundial, la historia de su movimiento ha levantado como demanda prioritaria la lucha por las reformas democráticas, progresistas y libertarias, y ha sido, al mismo tiempo, un componente fundamental en la integración de América Latina.

La visión colonial de la educación como productora de mano de obra barata para los intereses y necesidades de determinado modelo y la diseminación de la ideología dominante es una realidad que ha sido profundizada por las reformas de inspiración estadounidense realizadas por los regímenes militares y el neoliberalismo en todo nuestro continente, así como también sus consecuentes contrarreformas de carácter violento que liberalizaron y desregularon la enseñanza superior en la región.

La herencia que recibe nuestra generación después de décadas de dictaduras, gobiernos autoritarios y políticas neoliberales es desastrosa. La disminución de matrículas en las institucio-

---

* Post publicado el 31 de enero de 2011 en el blog de Camila Vallejo: http://camilapresidenta.blogspot.com.

nes públicas frente a un aumento explosivo y desregulado de las matrículas en las instituciones privadas ha sido una de las maneras de promover la educación como una mercancía cualquiera. Brasil, Colombia, El Salvador y Chile encabezan la lista con más del 70% de sus estudiantes universitarios matriculados en la red privada de la enseñanza.

Preocupante ha sido también el estancamiento y el atraso científico y tecnológico al que hemos sido sometidos a causa de la falta de planificación e inversión en esta materia. La subsiguiente división entre aquellas naciones que producen tecnologías de punta y aquellas que se ven obligadas a copiar alguna tecnología, muchas veces ya obsoleta, ha producido una profundización de las desigualdades regionales al hacerlas más dependientes y vulnerables a los dictámenes de las grandes potencias.

Las consecuencias del modelo de enseñanza superior que tenemos en la actualidad son muchos, entre ellos el adiestramiento causado por la formación de técnicos competentes, pero privados, de formación científica, cultural y de valores cívicos y morales; un sistema de acceso excluyente que no incorpora talentos, sino que selecciona memorizadores de contenidos e información; la falta de democracia institucional como herencia autoritaria de las reformas de los regímenes militares y la ausencia de una autonomía eficaz de las instituciones que les permita no depender de los dictámenes del mercado ni de intereses particulares.

Quizás el problema central de todo sea la ausencia de proyectos nacionales de desarrollo democrático y sustentable en una gran cantidad de nuestros países, incapacidad que se expresa en la forma desarticulada en que se ha edificado el sistema educacional. La imposición de modelos foráneos e incluso

Camila Vallejo

Con Camilo Ballesteros (FEUSACH), Giorgio Jackson (FEUC) y
Camila Donato (FEUMCE)

Con Giorgio Jackson (presidente de la Federación de Estudiantes de la Universidad Católica de Chile, FEUC) y Jaime Gajardo (presidente del Colegio de Profesores de Chile)

Con Camilo Ballesteros (presidente de la Federación de Estudiantes de la Universidad de Santiago de Chile)

Con Giorgio Jackson (FEUC) y Camilo Ballesteros (FEUSACH)

Con Camilo Ballesteros (presidente de la Federación de
Estudiantes de la Universidad de Santiago de Chile, FEUSACH)

experimentos de modelos hiperideologizados ha demostrado una profunda incongruencia con nuestra realidad socioeconómica y sociocultural, y han determinado una arquitectura de la educación superior absolutamente dañina y obsoleta desde el punto de vista social, político e institucional.

Ante esto, el movimiento estudiantil debe ser capaz de develar el carácter estratégico de la educación para el desarrollo de las naciones y los pueblos como forma de emancipación del yugo colonial e imperialista de las grandes potencias. Sin un sistema educacional y científico propio, sólido, asequible, dedicado a revertir las lógicas de este mal desarrollo en el que la mayor parte de nuestra población trata de sobrevivir, es prácticamente imposible luchar por una verdadera emancipación e integración regional.

Después de haber participado de la reunión consultiva de la OCLAE (Organización Continental Latinoamericana y Caribeña de Estudiantes) con dirigentes estudiantiles de federaciones y organizaciones nacionales de Panamá, Nicaragua, Brasil, Uruguay, Paraguay, Ecuador, Colombia, Venezuela, Puerto Rico, Cuba y, por supuesto, Chile, es posible ver cómo los estudiantes de tan diversos países de nuestra América siguen luchando por la defensa de la educación pública, y algunos se han erigido desde procesos de mayor avanzada por sus gobiernos progresistas o de carácter más revolucionarios, mientras otros aún luchan contra el yugo colonial y los modelos neoliberales ya fuertemente enraizados en todos los ámbitos de su vida.

Además de la socialización de nuestros contextos políticos, agendas de movilizaciones, demandas y objetivos estratégicos, nos abocamos a preparar nuestro decimosexto Congreso Latinoamericano y Caribeño de Estudiantes que tendrá lugar en Montevideo, Uruguay, entre el 5 y el 10 de agosto, para tratar variadas temáticas que como juventud crítica necesitamos discutir con el fin de visualizar una verdadera alternativa de desarrollo para nuestros pueblos.

La realización del XVI CLAE constituye un acontecimiento de real importancia para el alcance de estos objetivos. Avanzar en una mayor integración entre los jóvenes pertenecientes a los movimientos estudiantiles de los distintos países de nuestra región y el lograr concordar lineamientos estratégicos es un paso fundamental para la lucha en defensa de la educación pública, es velar por las organizaciones que representan toda la comunidad universitaria pero, sobre todo, la libertad de nuestros pueblos.

Los jóvenes tenemos la oportunidad histórica de ser protagonistas de la construcción de otra realidad que se constituya sobre un escenario más democrático y progresista, con un sistema de educación superior en América Latina y el Caribe que adopte el principio de la educación como bien público, en consonancia con los valores de la calidad, la pertinencia, la relevancia inserción y la igualdad como derecho universal.

«Por nuestra América, Educación, Unidad y Libertad»

La Universidad de Chile y el fortalecimiento de la democracia, ¿cumple la Casa de Bello sus objetivos misionales?*

La educación es uno de los aspectos fundamentales para el crecimiento del ser humano y el principal catalizador del desarrollo de la humanidad en general. Contribuye a la conquista del progreso económico, cultural, social, político y espiritual de las naciones. Ponerla al servicio de intereses privados y grupos de poder la convierte en una herramienta de dominación, pero puesta en manos del pueblo y al servicio de la sociedad en su conjunto, es un arma emancipadora. Es la democracia institucional uno de los aspectos fundamentales para hacer la diferencia, ya que es solo a través de la participación directa de la sociedad en las decisiones de la universidad que se resguardan los intereses del pueblo. Una universidad democrática es la herramienta que nos permite alcanzar el bienestar y la libertad individual y colectiva, con todo el potencial con que el conocimiento puede contribuir a ello.

---

* Post publicado el 2 de febrero de 2011 en el blog de Camila Vallejo: http://camilapresidenta.blogspot.com.

Las universidades, por tanto, debiesen ser uno de los brazos educativos con los que el Estado fortalece la democracia de las naciones y posibilita la construcción de sociedades más justas, diversas y armónicas a la vez. Una de sus principales misiones es ser un espacio de generación y transmisión de conocimiento, pero también ser un espacio abierto a la sociedad, que exprese su diversidad y que en él pueda participar su comunidad toda, para afianzar una identidad cultural, y construir el proyecto educativo que las regiones y el país requieren. Los movimientos sociales que han abocado su esfuerzo en transformar la universidad han entendido la importancia de explicitar ese rol en los objetivos misionales de las instituciones y crear los mecanismos adecuados para asegurar su cumplimiento.

Los años sesenta fueron un ejemplo de lucha para el alcance de estos objetivos. La juventud se estremecía y clamaba por cambios en la universidad que les permitieran ponerla en función de construir una sociedad distinta y, a pesar de la institucionalización de las lógicas autoritarias y paternalistas al interior de muchas de ellas, los estudiantes se organizaban en sus federaciones y salían a las calles con una claridad política sorprendente, gritando al unísono por la democratización de la universidad. Los estudiantes de la Universidad de Chile, por medio de su Federación, no estuvieron al margen de estas reivindicaciones, más aún, se jugaron entero para instaurar una nueva forma de enseñar y construir universidad a través de la movilización y con propuestas contundentes.

La demanda de la participación de la comunidad en las decisiones institucionales se expandía como uno de los principios fundamentales de la Reforma Universitaria que estremeció a toda Latinoamérica durante el siglo pasado. Alcanzar el cogobierno era el eje principal de las propuestas. Junto a la separación de poderes en normativo, ejecutivo y evaluador, se exigía la participación de estudiantes, académicos y funcionarios en los cuerpos colegiados donde se decidía el futuro de la universidad y en la elección de las autoridades unipersonales de manera directa y secreta. Esta nueva institucionalidad aseguraba que la universidad no estuviera «secuestrada» por el estamento académico y que fuera por tanto funcional a sus intereses, sino que, al estar «cogobernada» por los tres estamentos, respondiera también a los trabajadores y estudiantes, en un contexto donde se esperaba masificar la educación superior y hacerla accesible a los sectores más populares.

La Reforma Universitaria y su idea de cogobierno logró aplicarse a duras penas en Chile a partir del año 1968, tras casi una década de lucha con los sectores conservadores que no estaban dispuestos a entregarles el control de los planteles a quienes hasta ese minuto no se consideraban sujetos de derecho a la hora de opinar y decidir, mucho menos para elegir a las máximas autoridades; pero, lamentablemente, esta fue desmantelada durante la dictadura a través de una serie de políticas de disminución del financiamiento, competencia entre instituciones, búsqueda de recursos por cuenta propia, regionalización por desmembramiento de las universidades nacionales, restricción de libertades, prohibición de las organizaciones gremiales y disolución de todos los cuerpos triestamentales. Pretendieron con esto aplastar las fuerzas subversivas, críticas y concientizadoras que emanaban de los espacios universitarios.

Sin embargo, a pesar de la crisis, de los desaparecidos y los perseguidos, el movimiento estudiantil logró resurgir en la década de los años noventa, reclamando las libertades perdidas, cuestionando el modelo de gestión autoritario y llamando a la participación. Se apoyaron en las ideas reformistas y apostaron nuevamente por la democratización como alternativa a la arremetida privatizadora que estaba imponiendo el modelo. Los rectores estaban dispuestos a «vender» las universidades a través de medidas que afectaban el carácter público de las instituciones para hacerlas más competitivas en el mercado. Las decisiones se tomaban de espaldas a las comunidades universitarias, contraviniendo las posiciones de una mayoría de académicos, estudiantes y funcionarios que no estaban dispuestos a ceder ante el chantaje de la privatización.

El movimiento estudiantil que realzó las banderas de lucha a fines de los años noventa ganó el respaldo de funcionarios y académicos, lo que se expresó en meses de movilización, tomas y jornadas de discusión que finalmente permitieron poner en cuestión la institucionalidad heredada de la dictadura y funcional a los sectores más neoliberales. Este proceso culminó en un referéndum, el cual tuvo una ponderación en la votación de un 60% para los académicos, de un 30% para los estudiantes y de un 10% para los funcionarios, y cuyo resultado fue ampliamente favorable a las fuerzas que revivieron el ideario reformista. Con este referéndum se logró dotar a la universidad de un nuevo estatuto y de un proyecto de desarrollo institucional medianamente discutido por la comunidad universitaria. No se logró revertir todo el retraso que significó la dictadura pero se abrieron espacios valiosos de participación y consulta que permiten la integración de los tres estamentos en la toma de decisiones.

De todos estos avances, el que constituye el mayor orgullo y relevancia fue la constitución del primer y único Senado Universitario, que logró materializar de manera efectiva la triestamentalidad en el poder normativo de la universidad. Con una composición de veintisiete representantes académicos, siete estudiantes y dos funcionarios. El Senado Universitario, en su momento de creación, contradecía la Ley Orgánica Constitucional de Enseñanza, promulgada en la dictadura para prohibir la organización y participación estudiantil y fue por tanto una crítica abierta a una institucionalidad educativa que pocos se atrevían a cuestionar. Se buscó derrocar los principios autoritarios que defienden la verticalidad de la enseñanza, y la lógica empresarial de administración, para abrir paso a la dialéctica del cuestionamiento del conocimiento y posibilitar la elaboración democrática de las principales políticas y estrategias de desarrollo de la universidad.

Efectivamente, grandes fueron las conquistas de los dos procesos de reforma en el interior de la Universidad de Chile, pero lamentablemente nuestra Casa de Bello sigue estando lejos de ser una institución verdaderamente democrática, bajo el poder de su comunidad universitaria y mucho menos al servicio del pueblo chileno. No se ha logrado la participación triestamental en la elección de las autoridades unipersonales y una gran cantidad de las decisiones siguen estando en manos de los decanos, directores y sobre todo, del rector, con poco contrapeso real. El consejo universitario, que es el órgano colegiado que desempeña, conjuntamente con el rector, la función ejecutiva en la institución, contempla solo con derecho a voz a un delegado de los académicos, uno de los funcionarios y uno de los estudiantes; es decir, nuestra presencia es minoritaria y meramente testimonial.

A nivel local, los consejos de escuela, entidades en las que se discuten cuestiones del orden docente como el desempeño de los profesores y los procesos de reforma o modernización curricular, muchas veces operan sin la participación de los estudiantes. En el interior de los departamentos no existen cuerpos colegiados con participación triestamental; en estas instancias, la discusión sobre la orientación, la transversalidad y la interacción de las disciplinas no contempla la opinión del estamento estudiantil y menos del personal de colaboración. La generación y transmisión del conocimiento queda aún enclaustrada en las parcelas de poder de un reducido cuerpo académico o, incluso, solo del director de departamento.

El Senado Universitario que comenzó a funcionar de manera efectiva en 2006 avanza lento y permanece considerablemente alejado de los estudiantes, y tiene poca y casi nula incidencia en cuestiones tan fundamentales para la universidad como la distribución de su presupuesto. El Senado Universitario ha encontrado en varias ocasiones una gran piedra de tope en la confrontación con el Ejecutivo. Algunos decanos con el respaldo del rector terminan velando por el bienestar de sus propios feudos sin preocuparse por revertir la incidencia del mercado en el desarrollo de las áreas del conocimiento, que siempre benefician a las más rentables y dejan atrás a las socialmente responsables; así profundizan la desigualdad de condiciones de nuestra «comunidad» universitaria y debilitan la contribución que muchas de las carreras humanistas y artísticas pueden llegar a hacer al país. Esto genera en los hechos que la democratización solo basada en la participación en instancias formales, no es una solución en sí misma, sino que requiere de otros elementos.

No se ha avanzado en desarrollar una verdadera cultura democrática institucional que, además de garantizar la participación, permita a la comunidad seguir el hilo de las discusiones y dote de contenido a estos espacios. Permanece vivo parte del autoritarismo y mucha apatía en los propios estudiantes, quienes no preguntan, no se informan, no opinan ni discuten sobre lo que hacen o dejen de hacer las autoridades porque no existe o no se fomenta la cultura para hacerlo. Si ya es autoflagelante para la democracia de nuestro país el haber ido reduciendo paulatinamente las horas de formación y educación cívica en la enseñanza media hasta su total desaparición, las universidades no pueden seguir deformando a los estudiantes en este sentido. Lo que necesitamos formar no son solo profesionales, son seres humanos, ciudadanos críticos, capaces de hacer agencia; es decir, de ser agentes de transformación social y no autómatas o meros reproductores del sistema o de un modelo de desarrollo impuesto y beneficioso para los mismos poderosos de siempre.

Aquí hay un importante desafío pendiente. Necesitamos que las mallas curriculares incorporen horas de formación cívica, de coyuntura política, de debate, pero además, de horarios protegidos para que los estudiantes puedan informarse y opinar sobre las decisiones que deben llevar a las instancias pertinentes los representantes estudiantiles.

Hay que sumar el problema de que las universidades en Chile se han elitizado considerablemente, lo que produce una sobrerrepresentación de sectores de buena situación socioeconómica que, por tanto, no viven las contradicciones del modelo y no ven a la universidad como herramienta para cambiar una sociedad en la que tienen resuelta su movilidad social. Muchos de estos estudiantes no se hacen parte de las disputas políticas, ni se integran a las organizaciones. La democratización no pasa solo en la estructura y efectividad del gobierno universitario; está determinada en gran medida por el acceso que existe a ella. Debe repararse no solo en el cómo, sino también en para quiénes se genera y transmite el conocimiento.

El acceso a la universidad debe hacerse democrático y convertirse en universal. Solo la participación permite resistir al modelo cuando quienes participan son quienes no forman parte del selecto grupo de privilegiados. Por tanto necesitamos universidades que sean reflejo de la estructura socioeconómica del país y no burbujas donde poco o nada entra de la sociedad real, cuestión a la que como universidad «pública» no estamos respondiendo cabalmente.

La realidad chilena es cruda: solo el 40% de la juventud accede a la educación superior y, de este, solo el 30% lo hace en instituciones públicas. Sumado a ello, en la Universidad de Chile el porcentaje de estudiantes de los dos grupos de más altos ingresos (cuarto y quinto quintiles) representan alrededor del 70% de la matrícula, mientras que los estudiantes del primer y segundo quintiles no superan juntos el 20%. ¿Estamos garantizando el derecho a la educación para todos?, claramente la respuesta es no, nuestra universidad está siendo cada vez más de élite y la educación solo para las élites no puede y no asegurará nunca el desarrollo armónico y justo de la sociedad entera. Estamos dejando al pueblo sin acceso a una de las herramientas fundamentales para su desarrollo, pues esta se concentra en un pequeño grupo social de origen acomodado que ya controla el país y que, gracias a esto, lo seguirá haciendo solo.

Efectivamente, el modelo de autofinanciamiento que se han visto obligadas a asumir las universidades públicas como consecuencia de la progresiva disminución de recursos fiscales que comenzó a producirse desde la dictadura, ha significado el cobro de altísimos aranceles y su permanente alza. Sin embargo, la falta de capacidad económica de los sectores más populares para financiar sus estudios no es el único factor que determina la elitización de la universidad; de hecho, las ayudas estudiantiles, aunque no suficientes, existen. El problema mayor radica en la segmentación socioeducativa de la educación básica y media, que tiene debilitada y disminuida la educación municipal (pública) y condena siempre a los estudiantes de más bajos recursos, a una desigualdad que se reproduce y se profundiza con el actual mecanismo de evaluación estandarizada. La Prueba de Selección Universitaria demuestra año a año el aumento de la brecha entre los estudiantes de más altos puntajes, provenientes de establecimientos particulares pagados y los de menores puntajes, provenientes de establecimientos municipales. Es decir, la actual Prueba de Selección Universitaria no es más que un filtro de clases en el acceso a la educación superior y el actual sistema de educación básica y media, con su marcada segmentación entre colegios públicos de mala calidad y colegios privados de excelencia, es un verdadero *apartheid* que genera círculos de pobreza.

En definitiva, la universidad no se democratiza si el conocimiento no llega a todos los sectores de nuestra población, la educación sigue siendo el privilegio de unos pocos y no el derecho de todos. La socialización del conocimiento también se ve mermada por la falta de aplicación de una de las misiones fundamentales de nuestra universidad, que es la extensión. La extensión debe ser entendida más allá de la difusión o publicación de nuestras investigaciones, de la realización de actos culturales o de la asistencia de nuestras autoridades a algún evento de interés académico; la extensión debe fraguar como relación dialógica entre la investigación, la docencia y el medio externo en un proceso sinérgico y nutritivo que permita que la generación y transmisión del conocimiento pueda realmente ponerse al servicio de las necesidades de nuestro pueblo, de su desarrollo armónico, justo y democrático; un conocimiento que realmente se convierta en un elemento emancipador y no adiestrador, no reproductor de un determinado modelo ni una religión, sino un elemento de liberación.

Necesitamos en la Universidad de Chile un proceso de generación de conocimiento de carácter democrático que esté al servicio de la comunidad y no de la rentabilidad privada a costa del bienestar social. Hoy se expresa de nuevas formas la disputa entre el modelo de la *universidad empresa eficiente* y la *universidad pública y democrática*. Se pretende argumentar que cualquier universidad privada por el solo hecho de generar bienes públicos puede llegar a constituirse una institución de carácter público y, por tanto, percibir recursos fiscales. Esto se sostiene como una suerte de disfraz que favorece el crecimiento de las *universidades empresa* haciéndolas ver parecidas a las otras. Se hace necesario entonces que las instituciones del Estado y aquellas tradicionales que han jugado un rol histórico y estratégico en el desarrollo del país, comiencen a poner los puntos sobre las íes respecto a lo que entendemos como público y lo que es privado o de interés particular. En este desafío cobra especial relevancia la democratización, que hace inviable la apropiación privada de la institución o el beneficio personal a través de ella, si es que realmente es efectiva. Si no damos el ejemplo como instituciones democráticas en todos los ejes planteados anteriormente, es difícil exigir un trato exclusivo por parte del Estado que concite un verdadero respaldo social.

Con el gobierno de derecha, por primera vez en veinte años volvemos a correr el riesgo de una nueva «contrarreforma», que ya se ha expresado en el fortalecimiento del autofinanciamiento y en la puesta a concurso de recursos fiscales a los que también puedan acceder las universidades privadas. Lamentablemente nuestras autoridades universitarias, rectores y decanos, vuelven a seguirle el juego a las arremetidas neoliberales. Para asegurar competitividad están dispuestos a considerar la flexibilización y modificación de las estructuras de gobierno universitario para hacerlos más «corporativos». La participación es vista como un ineficiente modelo de gestión y las estructuras cerradas, auto-designadas y antidemocráticas responden mejor a los requerimientos del mercado.

Esta reforma institucional que se comienza a visualizar desde el actual gobierno, es un retroceso a los avances logrados durante décadas de reformas en las que se peleó por no permitir que autoridades académicas, gubernamentales y de algún grupo económico, impusieran sus propios intereses sin ningún tipo de contrapeso real. Apuesta a la instalación descarnada de la idea de universidad empresa, que aplasta el concepto de comunidad universitaria y comienza a redefinir un funcionamiento interno donde las autoridades son gerentes que planifican y ordenan, los profesores y funcionarios son trabajadores que obedecen y los estudiantes somos clientes que compramos una mercancía llamada educación y en la cual no tenemos injerencia alguna.

Necesitamos que la universidad sea catalizadora de una profunda reflexión sobre el significado social de la producción del conocimiento para resistir nuevamente la arremetida neoliberal. Debemos ser capaces de articular, desde una visión holística, las diversas partes de la institución en un proyecto de promoción social de principios éticos y de desarrollo social equitativo y sostenible, para la producción y transmisión de saberes responsables y la formación de profesionales ciudadanos igualmente responsables. Poner todo esto como trinchera a la privatización e involucrar a cada uno de los actores con la defensa de la universidad pública y la búsqueda de su democratización real es un paso fundamental para ganar respaldo social.

La sociedad debe involucrarse en la discusión del sentido de universidad, en la definición de lo público y en la misión de las instituciones que a nivel superior deben llevar a cabo la tarea educativa. Debemos hacer entender a la ciudadanía que la universidad se agiliza, se dinamiza y se hace más sensible a las necesidades del pueblo y de la clase obrera cuando se democratiza; que la participación de la comunidad estudiantil y funcionaria en el ejercicio del gobierno y la diversidad socioeconómica y sociocultural de nuestros estamentos es la única garantía sólida de que la política universitaria se oriente a las metas que el pueblo chileno anhela; que la comunidad universitaria debe tener una composición que sea representación de su realidad, y es necesario derribar todas las barreras que hoy no lo permiten; que la educación puede contribuir a liberarnos de un sistema injusto depredador e inhumano si la ponemos al servicio de la transformación social.

En definitiva, necesitamos de una nueva Reforma Universitaria, enmarcada entre los preceptos de una nueva redefinición del carácter público de las instituciones de educación superior donde sea fundamental la democratización, para asegurar que tenga como meta los intereses superiores del país y que, por tanto, logre concitar el entusiasmo y la activa participación de profesores, estudiantes y funcionarios que defiendan la universidad como suya, frente a una posible privatización que vuelva a arrebatarla de sus manos para entregarla a empresarios codiciosos o ideólogos neoliberales que usurpen la soberanía que sobre la universidad debiese tener el pueblo.

Trabajos Voluntarios FECh*

Finalizamos los trabajos voluntarios de verano de la FECh 2011, en las comunas de Paredones, Lolol y Retiro.

Después de dos semanas de arduo trabajo donde participaron alrededor de un centenar de estudiantes de la Universidad de Chile e incluso jóvenes no estudiantes que se vieron llamados como parte de la iniciativa de la FECh, podemos concluir que hemos logrado dar continuidad a un proceso de vinculación con la comunidad que se inició dos días después del terremoto del 27 de febrero y que gracias a la capacidad de respuesta, sumado a la efectividad de la misma, ha sido posible mantener hasta el día de hoy en dichas comunas.

Entre las áreas de trabajo que se desarrollaron se encuentran: el taller de paneles solares y energías limpias que entregó paneles solares y capacitó en el uso eficiente y comunitario de la energía solar a los vecinos; el área de construcción que logró entregar las últimas mediaguas que todavía no habían sido instaladas; el área de educación y trabajo con niños que, por medio

* Post publicado el 2 de febrero de 2011 en el blog de Camila Vallejo: http://camilapresidenta.blogspot.com.

de actividades recreativas y educativas logró romper con la cotidianidad de los niños y abrir su mente a nuevos mundos; con-
servación de la naturaleza que inauguró un invernadero comunitario en la clínica de Paredones; veterinaria que atendió a
decenas de animales; odontología que trabajó de nueve a nueve
para dar acceso a la atención bucal de quienes por falta de recursos se ven excluidos de este servicio; alfabetización digital que
entregó diplomas a mujeres y niños que aprendieron a hacer uso
de las herramientas computacionales y tecnológicas; el área de
salud; comunicaciones; desarrollo rural y tantos otros más.

Pero, ¿Por qué la FECh mantiene hasta el día de hoy los trabajos voluntarios y cuál es el sello distintivo que hemos querido
darle a esta labor?

En primera instancia porque creemos que ser voluntario
hoy significa una forma de lucha contra el actual imperio de la
apatía, el individualismo y el consumismo que la sociedad y los
medios de comunicación ha tratado de imponer a la juventud,
reemplazando nuestra vocación y nuestro rol histórico en los
procesos de transformación social, por la mediocridad y el éxito
personal. Los jóvenes somos por naturaleza seres de muchas
interrogantes y, por tanto, propiciamos constantemente la formación de una visión crítica de la realidad, con una energía y
proactividad que nos permite llevar a la práctica lo que creemos
justo y necesario.

El voluntariado es para la juventud una de las actividades de
formación que más nos alejan de la cultura de la indiferencia y
el escepticismo, nos abre las puertas al mundo real y nos da la
oportunidad de ser agentes de cambio. Pero, además de jóvenes, somos estudiantes universitarios que vivimos y pensamos
constantemente los espacios universitarios, razón por la cual
sostenemos que como instituciones complejas, las universidades

deben estar destinadas a entregar las herramientas intelectuales que la sociedad necesita para su desarrollo cultural, económico y social. El problema es que si a ellas no acceden todos los sectores de la población, si en ellas no se permite que aquellos sectores representativos de la realidad del país discutan y participen en el quehacer universitario, en la construcción de sus proyectos de desarrollo institucional, en la generación de conocimiento y, sobre todo, en la democratización de ese conocimiento, es muy difícil que las universidades logren ser una herramienta efectiva de transformación y desarrollo de nuestra nación.

La Universidad de Chile tiene la misión de pensarse a sí misma y el papel que tiene en su entorno, para lo cual es necesaria la superación de su enfoque egocéntrico que ve la extensión universitaria como un mero «apéndice» bien intencionado a su función central de formación estudiantil y producción de conocimientos. Es decir, la Universidad debe ser capaz de asumir la verdadera exigencia de su misión pública, y lograr romper con esta burbuja de paz y racionalidad en medio de una sociedad que se debate en la tormenta y la autodestrucción. ¿De qué nos sirve la ciencia y la tecnología si estas son utilizadas por nuestros profesionales para reproducir el mal desarrollo en el cual la mayor parte de nuestra población trata de sobrevivir? Necesitamos formar profesionales y personas responsables en el ejercicio del poder, no profesionales y líderes que gobiernen las instituciones públicas y privadas para profundizar lo ya existente.

Es por esto que hemos entendido los trabajos voluntarios como una actividad que debe ser asumida como parte fundamental de la formación profesional y del fortalecimiento de los vínculos que la universidad tiene con su entorno. Es un voluntariado alejado del asistencialismo y que, por el contrario, se ha traducido paulatinamente en un trabajo constante y permanente con las comunidades, transmitiendo el conocimiento que hemos adquirido de manera privilegiada en la universidad, liberándolo del enclaustramiento de nuestras bibliotecas y salas de clases, socializándolo para que sea realmente utilizado y aplicado por los habitantes para mejorar su calidad de vida y ampliar su visión de mundo. Claramente esto no nos deja conformes; faltan muchos aspectos por cubrir, faltan recursos y muchas manos por sumar, pero creemos que vamos en la dirección correcta.

Por otro lado, el ser voluntario no implica solamente transmitir conocimientos, sino ser receptivos a las realidades a las cuales nos enfrentamos y de las que debemos aprender. Ha implicado recoger de ese proceso una relación dialógica con el entorno, lo cual debiese en el largo plazo, permitirnos ir renovando y orientando de mejor manera el conocimiento que se genera en la universidad a las necesidades del pueblo. Es en terreno donde nosotros aprendemos cuáles son aquellas realidades o «verdades» que no podemos vislumbrar escuchando al profesor entre cuatro paredes.

Los trabajos voluntarios han significado un impacto muy fuerte en nuestra visión del ser profesional, que ha estado tan fuertemente influenciada por la concepción de que solo tiene un sentido de lucro personal o de «rentabilidad privada», y ninguno de responsabilidad social.

Las comunidades de Paredones, Lolol y Retiro nos han enseñado que nuestra formación no se reduce a la mera asistencia a clases o al aprendizaje de ciertos contenidos y habilidades, sino que se construye fundamentalmente en el diálogo social, en el traspaso recíproco de conocimientos, en espacios donde se juegan las identidades, las visiones de los problemas, en la vivencia con las comunidades más afectadas por un modelo de desarrollo profundamente injusto y desigual.

En el fondo, los trabajos voluntarios no se han sostenido por el mero altruismo, la verdad es que los estudiantes ganamos mucho en esta experiencia, porque nos ayuda a formarnos como mejores profesionales y mejores personas de cara a una realidad que es cruda, pero que se puede transformar con alegría y de manera colectiva.

En nombre de la FECh y de todos los voluntarios, muchas gracias a los vecinos de Paredones, Lolol y Retiro que nos acogieron de una manera muy especial, nos abrieron las puertas de sus casas, nos invitaron a sentarnos junto a ellos en sus mesas, a compartir ricas comidas caseras pero, fundamentalmente, porque nos abrieron sus mundos y nos transmitieron sus experiencias y cariño. Gracias a ellos todo esto ha tenido real sentido.

Hemos finalizado los trabajos voluntarios, pero esperamos que este sea el comienzo de muchos otros encuentros

A propósito de la aprobación de la Termoeléctrica Castilla, o cómo el dinero termina tomando la última palabra*

Es sabido por todos que en la mayor parte de las actividades que realizamos a diario y en las cosas que utilizamos se consume energía o se requirió de ella para su fabricación. La sociedad humana utiliza en el transporte, las fábricas e industrias, la minería, los hogares, la tecnología, etc. una gigantesca cantidad de energía todos los días para poder funcionar. Si no fuese así las sociedades no serían capaces de crecer ni de desarrollarse; sin embargo, la gran mayoría de la energía que consumimos hoy proviene de fuentes no renovables y muy dudosamente se producen para el servicio de la humanidad toda.

De esta manera debemos ser conscientes, primero, de que la energía que utilizamos proveniente de fuentes como los hidrocarburos, el carbón, el uranio, los agrocombustibles, las megarepresas y demás tarde o temprano se agotarán. Segundo, que estamos explotando fuentes de energía que producen un alto nivel de contaminación del aire, las aguas, la tierra y, por tanto, están minuto

---

*   Post publicado el 25 de febrero de 2011 en el blog de Camila Vallejo: http://camilapresidenta.blogspot.com.

a minuto produciendo un fuerte impacto en los ecosistemas donde conviven plantas, insectos, animales y, evidentemente, el ser humano, con lo que atentan contra la biodiversidad y acaban con especies que en el futuro, incluso, podrían ser la cura para enfermedades inesperadas para el ser humano.

En tercer lugar, debemos preguntarnos ¿por qué si existen desarrollos tecnológicos muy alentadores en cuanto a la sustitución de estas energías sucias y no renovables por otras limpias o menos contaminantes, en Chile no se hace nada?, ¿por qué seguimos explotando en megaproyectos estas mismas fuentes arcaicas y altamente nefastas en el deterioro de los paisajes, la salud y la calidad de vida de nuestra población y nuestros ecosistemas?, ¿acaso nos volvimos locos? Las respuestas, lamentablemente, siguen encontrándose dentro del marco de los intereses económicos.

En una sociedad capitalista y neoliberal como la nuestra, es el dinero el que tiene la última palabra, son los intereses económicos de los dueños de las grandes empresas nacionales y multinacionales los que guían y determinan la voluntad política de los actores supuestamente decisivos. En esto la ciudadanía debe estar clara, porque todos y cada uno de los proyectos termoeléctricos, hidroeléctricos y mineros impulsados en el último siglo en nuestro país, han tenido el beneplácito de gobiernos subordinados a los intereses de personas y compañías con fortunas inimaginables que vienen a servirse de nuestros recursos, hipotecan nuestro futuro y encubren bajo el discurso del «desarrollo» la concentración y el acaparamiento de enormes riquezas que deberían ser de todos.

Resulta fácil para las autoridades de gobierno ceder la producción energética a las grandes empresas; resulta fácil no cambiar la matriz energética por sus altos costos, y resulta evidentemente fácil y conveniente, además, ganar un pedazo de la torta por el solo hecho de autorizar la puesta en marcha de megaproyectos como HidroAysén, Alto Maipo, la recientemente aprobada termoeléctrica de Castilla (si no pregúntenle al socio de Hinzpeter, Andrés Jana, abogado del magnate Eike Batista) o la que seguramente querrán aprobar en Isla Riesco.

Todo resulta más lamentable cuando nos damos cuenta de que la mayor parte de la energía que se produce con estos proyectos no va al abastecimiento familiar ni a mejorar la calidad de vida de los chilenos y chilenas, sino que es utilizada para abastecer a la gran minería de cobre que en su mayoría es de propiedad privada; es decir, estamos regalando nuestros recursos naturales, terminando con la biodiversidad, poniendo en riesgo la salud de las personas, desplazando comunidades y, muchas veces, arriesgando la fuente de trabajo de miles de chilenos a costa de fomentar el robo de agentes foráneos. ¡Bonita la cosa!

La verdad es que las ansias de lucro y poder, acompañadas de una triste visión cortoplacista no les permite siquiera pensar en el futuro de sus propios hijos y nietos, no les permite a los magnates ver siquiera que acabarán destruyendo a su propia especie. Pero los ciudadanos somos cada vez más conscientes y no nos quedaremos sentados e inertes viendo cómo, obsesionados con el dinero, terminan destruyéndolo todo y dejando al pueblo sin nada. No se trata de mero ambientalismo, se trata de justicia y dignidad, se trata de respetar los derechos de la humanidad y de la madre tierra.

Ante la respuesta del gobierno y del ministro Lavín a nuestras demandas*

Luego de la exitosa marcha del día jueves 28 de abril, organizada por la CONFECh, y que convocó a más de 8 000 estudiantes de universidades tanto públicas como privadas, e incluso al magisterio, la ANEF y al Consejo Nacional de Trabajadores de las Universidades Chilenas, la vocería por parte de la derecha recayó en la presidenta de la Comisión de Educación de la Cámara Baja, la diputada María José Hoffman (UDI) y en Fernando Rojas, subsecretario de Educación. Al parecer, el mediático ministro Lavín prefirió abstenerse de aparecer en los medios ante la gran demostración de fuerza que realizó el movimiento estudiantil.

Las declaraciones de estos dos personeros muestran el evidente deseo de la derecha de avanzar contra viento y marea hacia una reforma en la educación superior que fortalezca la educación privada, consolide el lucro y no avance en la necesaria democracia que deben tener las entidades educacionales.

Cuando la diputada Hoffmann plantea que «este paro le da la razón al ministro: hay que corregir el sistema», no es más

---

*   Publicada en www.radio.uchile.cl.

que un inútil intento de tapar el sol con un dedo, pues lo que se expresó en la masividad de la marcha fue un contundente rechazo a los planes privatizadores que pretenden realizarse en la educación.

Quiero recordarles a las autoridades que nuestras demandas distan mucho de ser meras defensas a «los intereses de unos pocos privilegiados». En ellas hemos planteado, por ejemplo, la necesidad de hacer una reestructuración profunda al sistema de becas, con un necesario reajuste, así como ampliar su cobertura para terminar con la horrorosa realidad del alto endeudamiento con el cual terminan los jóvenes que acceden a la educación superior. Buscamos hacer efectiva la prohibición del lucro en las entidades de educación superior para que los esfuerzos económicos de los estudiantes que entran a entidades privadas no vayan destinados a enriquecer a un sector privilegiado de la sociedad. Demandamos la democratización de los espacios universitarios para que los estudiantes, funcionarios y académicos de todas las casas de estudios puedan participar en los procesos de toma de decisiones. Planteamos el aumento del gasto social en educación pública para poder terminar con el autofinanciamiento de las instituciones estatales que elevan, año a año, los costos y que así se les permita desarrollarse y salir de la crisis financiera en la que se encuentran, (como es el caso de la mayoría de las universidades estatales de las regiones que acogen a gran parte de los estudiantes más vulnerables del país). Si el gobierno estuviera realmente preocupado por la situación económica de los estudiantes, acogería sin mayor inconveniente nuestras demandas.

Somos conscientes de la situación precaria que viven los estudiantes de los centros de formación técnica e institutos profesionales. Por ejemplo, nos preocupa saber que un alto porcentaje de los estudiantes al egresar no encuentran trabajo en lo que estudiaron. ¿Vamos a seguir permitiendo que empresarios inescrupulosos abran y abran carreras por la mera ambición del lucro, sin garantizar la existencia de un campo laboral real para sus egresados? Esto preocupa más aun si consideramos las deudas con altos intereses que deben pagar los estudiantes, aun cuando ni siquiera su esfuerzo por estudiar muchas veces le permita acceder a un trabajo relacionado con lo que estudió y lo endeudó.

Ante la crisis de la educación superior, es una irresponsabilidad plantear que basta solamente con «repartir de mejor forma la torta». Se requiere aumentar el gasto público en la educación superior, que dichos recursos estén orientados de manera efectiva al desarrollo de una mejor calidad de la educación, que potencien el sistema público, que mejoren el sistema de becas, que hagan reformas al acceso y que hagan retroceder la lógica crediticia que genera una enorme deuda difícil de sobrellevar para los estudiantes de Chile.

El diálogo inútil de Lavín*

El Sr. Ministro de Educación ha creído que simplemente sentándonos a dialogar, el problema de la educación superior se iba a resolver, que hablando sobre conceptos como «nuevo trato», «fondos de revitalización», calidad, equidad e «igualar la cancha» nos iba a convenir de que estábamos «de acuerdo» y que podíamos llegar a consensos.

Lo que no sabe el Sr. Ministro es que este movimiento no puede enfrentar la crisis de la educación superior discutiendo medidas instrumentales de carácter privatizador disfrazadas con eufemismos, que finalmente solo logran maquillar un ya fracasado sistema. Los estudiantes, funcionarios y académicos sabemos muy bien que los principales beneficiarios de las reformas planteadas desde el MINEDUC son un puñado de grandes empresarios de la educación, que además son los mismos que en la práctica gobiernan nuestro país; así como sabemos que sus anuncios revolucionarios son solo palabras vacías.

El sistema educacional que tenemos es inherentemente perverso y así lo hemos expresado los miles de manifestantes en las calles a lo largo del país, por lo que si nos abocamos solo a

---

*   Post publicado el 27 de junio de 2011 en el blog de Camila Vallejo: http://camilapresidenta.blogspot.com/

«mejorarlo» con unas cuantas chauchas, nos encontraremos con un fracaso difícilmente remediable.

Chile necesita de manera urgente atacar el problema basal que tiene tanto a las instituciones públicas como a las privadas en una profunda crisis de vocación educativa, de principios y de pérdida de sentido de desarrollo del país. El autofinanciamiento de las universidades estatales y la ausencia de regulación de la industria privada de la educación, características propias de la hegemonía de mercado en el sistema terciario, han traído como consecuencia el enriquecimiento de unos pocos a costa de la educación de muchos; el endeudamiento excesivo de los jóvenes y sus familias; la falta de democracia al interior de las instituciones; la falta de calidad formativa y de conciencia crítica, y la falta de mecanismos que garanticen el acceso, la permanencia, el egreso y la empleabilidad digna a todos los sectores de la población, sin discriminación alguna. Estas cuestiones son las que deben ser abordadas con real altura de miras y no bajo intereses creados con planteles que rentabilizan sus ganancias (de manera ilegal y legal) a costa de la matrícula estudiantil y de la precarización del empleo.

¿Cómo es posible siquiera pretender mejorar la educación superior aplicando un modelo de financiamiento a la demanda que ya fracasó en la enseñanza básica y media? Porque, después de treinta años y aún manteniendo la libertad de «elegir» entre público y privado, la desigualdad se ha agudizado y la educación pública se ha destruido, sin garantizar tampoco mejor calidad en el sistema subvencionado.

¿Cómo es posible pretender mejorar la educación superior manteniendo el interés lucrativo? Por obtener mayores ganancias, las instituciones abandonan regiones y se trasladan al centro en la búsqueda de una mayor demanda, extienden años de carrera y amplían matrículas para generar mayores utilidades y rentabilidad en el corto plazo; por captar mayor cantidad de matrículas invierten en publicidad más de lo que invierten en becas; por perseguir fines lucrativos logran que su proyecto «educativo» se rija por relaciones de mercado, basadas en el interés personal y egoísta de quienes les roban a miles de familias para llenar sus propios bolsillos con la venta de títulos que ni siquiera aparecen reconocidos en la Ley. ¿Qué tiene que ver la relación entre prestador y cliente —a la que son obligados todos los estudiantes de instituciones privadas— con la de estudiante y maestro que se necesita en un sistema educativo? ¿Qué tiene que ver el lucro con la búsqueda de la verdad? ¿Qué tiene que ver la competencia con la vocación de servicio social? Estas son cosas que Lavín aún no ha entendido.

¿Cómo es posible pretender mejorar la educación cuando todavía prevalece la libertad de empresa por sobre el derecho a la educación?

El verdadero diálogo que Chile necesita en materia de educación superior, no es el de desburocratizar las universidades estatales e implantarles gobiernos corporativos para ponerlas a competir aún más con el sistema privado; no es nivelar la cancha para entregar soslayadamente recursos del Estado a instituciones que lucran con fondos públicos, con los estudiantes más pobres y, encima, son de mala calidad. No es tampoco aplicar más créditos para seguir endeudando a miles de familias chilenas de bajos recursos y sobreenriquecer a la banca privada. El verdadero diálogo que la educación superior necesita se yergue sobre el paradigma de reconocer a la educación como un derecho universal y como una inversión fundamentalmente social, eje estratégico para el desarrollo justo y armónico del país y para su fortalecimiento democrático.

Chile debe pensar en una política de Estado que asegure la recuperación de un sistema nacional de educación pública, con igualdad de oportunidades y posibilidades, que sea colaborativo en lugar de competir, que no tenga desequilibrios regionales ni inequidades sociales; con un financiamiento basal que permita mantenerla y desarrollarla en docencia, investigación, extensión, creación, infraestructura, equidad, calidad, etc., condiciones insustituibles para la formación de profesionales y técnicos provenientes de todas las cunas y etnias que se dediquen al trabajo intelectual, científico, artístico y político que se necesita para nuestro desarrollo regional y nacional.

El verdadero diálogo que Chile necesita es el que se preocupe de asegurar las condiciones materiales para que ningún joven con talento y capacidades se quede fuera del sistema público; es asegurar una educación integral, comprometida con los valores éticos y democráticos de participación y libertad, solidaridad, respeto a los derechos humanos, valoración y preservación del patrimonio cultural y natural, respeto a la diversidad cultural, etc; es decir, que la educación superior se dé a la tarea de construir humanidad, que contribuya al desarrollo de una cultura democrática, con sujetos pensantes y críticos, dispuestos a juzgar y actuar por sí mismos y no que se limite a formar portadores de títulos, habituados solo a recibir y ejecutar órdenes.

Como ya es evidente, todo esto supone asumir que el movimiento no puede aceptar la propuesta de solución del Sr. Ministro, a través de una mesa que no representa la composición del movimiento y no aborde nuestras demandas fundamentales. Menos podemos aceptarla si sabemos que con ella se va a articular la prolongación de un fracasado sistema educativo que lo único que persigue es privatizar aún más nuestro derecho a la educación, lo cual solo resulta beneficioso para quienes están en condiciones de pagar por él. Los jóvenes y la ciudadanía en general bien saben que un espacio de trabajo de ese tipo es un diálogo inútil, y que lo verdaderamente posible y necesario para nuestro país, es avanzar hacia un nuevo modelo educativo, público, gratuito y de calidad para todos los chilenos, orientado a la construcción de un verdadero plan de desarrollo nacional. Solo para avanzar hacia eso tiene sentido que nos sentemos.

Mientras el gobierno y sus parlamentarios se empeñen en darnos la espalda, evadir nuestras propuestas o deslegitimar nuestro movimiento con acciones desesperadas, el descontento, la organización y la unidad se verán fortalecidas. Esperamos que de una vez por todas, las autoridades de nuestro país renuncien a sus intereses particulares y se pongan a la altura de este momento histórico para que por fin hagamos valer los intereses de las grandes mayorías ciudadanas, en la tan desvalida democracia chilena.

Hasta cuándo tenemos que esperar*

Estamos viviendo las movilizaciones estudiantiles universitarias más importantes de la última década.

Todos los estudiantes agrupados en la Confederación de Estudiantes de Chile se encuentran movilizados de forma permanente a través de tomas y paros iniciados hace bastantes semanas.

Nuestras demandas han recibido el respaldo y el enriquecimiento de múltiples actores sociales como el Colegio de Profesores, federaciones estudiantiles de universidades privadas, estudiantes secundarios, rectores de universidades, comunidades académicas, trabajadores de universidades, trabajadores agrupados en la CUT y la ANEF, Funcionarios de la JUNAEB y del Ministerio de Educación, de la ciudadanía en general.

Esta amplia convergencia se explica principalmente por el alcance de nuestras demandas. Hemos denunciado la crisis de la educación superior, que se expresa en una pésima calidad en muchas instituciones, el poco acceso al sistema de los sectores más vulnerables, el excesivo endeudamiento de las familias,

---

*   Publicada el 14 de junio de 2011 y en ww.cooperativa.cl y www.radio.uchile.cl.

el debilitamiento del rol del Estado y sus instituciones, la generación de lucro —fuera de la ley— por parte de muchas instituciones privadas y la prohibición explícita de la participación de la comunidad universitaria en el desarrollo de las instituciones.

Además de evidenciar la histórica crisis que arrastra la educación superior y de entregar propuestas para solucionar el estado paupérrimo en el cual se encuentra, los estudiantes universitarios hemos puesto en el centro de nuestra denuncia dos elementos que se encuentran presentes en el sistema educacional en su conjunto, y que son los que han permitido la amplia convergencia social mencionada anteriormente: el abandono del Estado chileno de un derecho humano básico como es la educación, y el rol preponderante —casi hegemónico—, que ha asumido el empresariado al interior del mundo educacional, quienes han lucrado y se han enriquecido, por más de treinta años, con los sueños y expectativas de miles de jóvenes y familias chilenas.

Nuestras propuestas para avanzar hacia una reforma en la educación superior ya son conocidas por la ciudadanía: reconocer a la educación como un derecho social universal ante el cual el Estado debe hacerse responsable y garante; un acceso a la educación superior con equidad, calidad y continuidad para todos, aumentar el financiamiento público a las universidades estatales para permitirles su desarrollo científico, artístico y humanista en las áreas de investigación, docencia y extensión; pluralismo y democratización de las instituciones de educación superior y un rol activo y fiscalizador en el sistema privado, donde exista prohibición del lucro efectivo, regulación de aranceles y proyectos educativos al servicio del bienestar de los estudiantes y del país, no de intereses particulares.

Asimismo, el gobierno y el ministro de Educación, Joaquín Lavín, han tomado conocimiento de nuestras demandas. El ministro inicialmente asumió una obtusa posición desde la cual tildó a nuestro movimiento como no representativo, de minorías y que no tenía demandas claras. La fuerza y la potencia de nuestras demandas y movilizaciones le hicieron ver y asumir que estaba frente a un actor dispuesto a cuestionar la educación desde sus más profundos pilares. Luego se mostró dispuesto a dialogar con aquellos a los que en un primer momento ninguneó. Lamentablemente, sus respuestas hasta el momento no han evidenciado voluntad alguna por asumir compromisos para recuperar la educación pública y hacer efectiva la ley que prohíbe el lucro en la educación.

¿Hasta cuándo tenemos que esperar una respuesta que se funda en un fuerte compromiso por recuperar la educación pública? Nosotros estamos dispuestos a no bajar los brazos y seguiremos movilizados hasta recibir compromisos concretos, no invitaciones a diálogos de sordos.

Ya van demasiados años de abandono y precarización. Los estudiantes de Chile somos un actor más dentro del movimiento que levanta esta causa, y esperamos converger con todos los actores sociales para construir un solo movimiento social que clame por una nueva educación para Chile, pública y al servicio del pueblo.

Es por eso que para este jueves 16 la Confederación de Estudiantes de Chile, junto a federaciones de instituciones privadas y al Colegio de Profesores, hemos convocado a una nueva jornada nacional de movilización a la cual ya se han adherido diversos actores sociales y que deberá pasar a la historia como una de las más masivas y de diversos actores sociales; como la continuidad de un proceso que sigue en ascenso.

El gobierno no puede seguir desconociendo que su sistema ha fracasado. Recuperar la educación pública se hace urgente para Chile y sus estudiantes seguirán movilizados hasta que dicho objetivo sea alcanzado.

Invitamos a todos a construir juntos el camino que nos conducirá a un país mejor, donde la educación sea una real herramienta para la transformación, la justicia y la libertad de nuestros pueblos y su desarrollo social.

Hacia la razón del pueblo, Eichholz*

El sábado 2 de julio apareció en un conocido diario de derecha de circulación nacional una columna del abogado Juan Carlos Eichholz, panelista del programa Tolerancia Cero, reconocido exponente del neoliberalismo pragmático chileno y miembro de la congregación religiosa Legionarios de Cristo. Su opinión se iniciaba con la interrogante «¿Hacia dónde te llevan, Camila?». Y a grandes rasgos señalaba que el movimiento estudiantil está llegando al extremo en la misma línea del «se pasaron de la raya» que planteó Lavín durante el fin de semana, sin apertura al diálogo, irresponsable en su accionar de no hacerse cargo de la realidad, antidemocrático, donde incluso se están privilegiando intereses personales por sobre una mirada al país.

Al respecto, me gustaría señalar, Sr. Eichholz, que si hay algo que debemos reconocer en la política es que no se puede esperar posiciones homogéneas ni estáticas dentro del conjunto de personas que la configuran y menos, que se quede en lo meramente superficial y no se vea impulsada a cuestionar el origen de los problemas que se empeña en resolver.

---

*   Publicada el 4 de julio en *The Clinic* online y en ww.cooperativa.cl.

Tratar de demonizar a los movimientos sociales cuando adquieren planteamientos políticos o más radicales es, además de no entender nada sobre los movimientos sociales, tratar de imponer una postura ideológica, el gremialismo, a una gran mayoría pensante y activa. Es, en definitiva, perder el tiempo, señor Eichholz.

La gente no es tonta, como ustedes suelen pensar, ni de muy fácil manipulación por parte los medios; la gente ve en la serie de acciones y declaraciones desesperadas de algunas autoridades de gobierno e intelectuales del oficialismo, que existe un temor muy grande ante enfrentar de manera transparente este conflicto. Se percibe lo asustados que están, porque los temas que lograron hacer «tabú», hoy se vuelven a plantear dentro del debate nacional; porque este movimiento ha superado las limitaciones del gremialismo y ha adquirido un espíritu y una conciencia de real transformación; porque hoy no tienen cómo seguir sosteniendo ni con argumentos ni sobre la base de la evidencia, un experimento neoliberal que durante treinta años ha demostrado su más absoluto fracaso en el ámbito educacional. No me diga que la «masificación» de la educación superior es la fiel demostración de que se avanzó por el camino correcto, pues sería absolutamente miope de su parte.

Déjeme decirle además, Sr. Eichholz, para que se informe un poco mejor, que este movimiento no solo ha estado dispuesto a dialogar, sino que ha solicitado un verdadero diálogo con el ministerio. El problema es que no existen verdaderos diálogos donde se denosta la postura del interlocutor, donde hay temas que no se quieren abordar, donde no se transparentan intenciones o donde se condiciona el diálogo a la postura unilateral de quien no quiere ceder sus intereses particulares para atender a las necesidades y demandas de la gran mayoría. Hace rato que eso del diálogo por el diálogo no permea en quienes dejamos de ser ingenuos.

Y bueno, usted cuestionará quién tiene la razón o cuál es la posición de la gran mayoría. Bueno, esa frase que pareciera haberle erizado los pelos: «avanzar hacia un modelo de educación pública, gratuita y de calidad» no solo es posible porque en nuestro país ha sido posible con un Estado mucho menos rico que el actual, o porque ahora tenemos las riquezas suficientes (solo que mal distribuidas o regaladas a multinacionales extranjeras), o porque otros países han demostrado que es posible, con igual o superior porcentaje de la matrícula que existe en Chile. Ese objetivo fundamental es coherente porque es el único que entiende a la educación como un derecho y no como una mercancía (conocimiento como valor de cambio), porque es el único que entiende que —en términos economicistas— la «renta educativa» no surge del sistema educativo, sino fuera de él y que, por tanto, pretender captarla con arancelamiento o créditos es realizar una imposición fiscal sobre una base imponible que no existe.

La renta educativa, Sr. Eichholz, en la que tanto se sustentan los economistas neoliberales para defender el arancelamiento en la educación, no se expresa en el período de capacitación, sino que se corporiza de diversas formas, de las cuales el principal beneficiario tampoco es el trabajador cualificado por medio de sus remuneraciones, sino la sociedad en su conjunto. Se expresa en el incremento de la producción de bienes y servicios de las empresas donde el capacitado trabaja, del progreso técnico y científico de estas como resultado de transferencias de tecnologías y prestación de servicios especializados que realizan las universidades (que no se retribuye o se paga muy por debajo de su valor real), del incremento de la productividad material, social y del mayor nivel cultural incorporado al sistema en su conjunto, entre otras cosas.

En síntesis, la renta educativa se genera «fuera» del sistema educativo, por lo cual es incorrecto pedirle al estudiante que la capte. Ahora bien, es lógico que la educación no puede ser gratuita, dado que alguien tiene que pagarla; pero bajo la razón expuesta el mecanismo de financiamiento debiese ser los impuestos generales y específicos que deben gravarse; el Estado debe captarlos a través de los incrementos de productividad y de los ingresos que obtienen las grandes empresas y de aquellas familias que perciben un nivel de remuneraciones más alto que la media nacional. El Estado debe gravar la renta educativa a través de impuestos progresivos y transferirla a las instituciones públicas mediante el presupuesto nacional. Solo así aportarán al sistema educativo quienes se benefician de él.

Y, por último, no hay mejor evidencia para determinar cuál es la posición de la mayoría que el progresivo respaldo de la ciudadanía y el regresivo respaldo del ministro. Si le caben dudas, que se haga un plebiscito.

Hacia un país más alegre y menos desigual*

Comenzamos el año con la necesidad de trabajar por un movimiento estudiantil capaz de estar a la altura —en lo político y en lo orgánico— de un momento clave para la educación superior en Chile; pero jamás visualizamos la fuerza con la cual se erigiría, ni la profundidad con la cual calaría en nuestros espacios universitarios y en la sociedad en general, incluyendo a aquellos sectores hasta el momento caracterizados por el silencio o por el miedo a volver a creer en cambios profundos de nuestro sistema.

Si alguien me pregunta qué hemos ganado hasta el momento con este histórico movimiento, diría que de nuestras demandas poco y nada, y que hasta el momento prevalece aún la nebulosa de un posible acuerdo pactado entre los mismos de siempre. Sin embargo, nadie podría negar que el nivel de maduración alcanzado por este movimiento ha demostrado que es necesario revisar nuestras estructuras representativas tanto a nivel local como nacional; que ha despertado la necesidad de organización estudiantil en aquellas instituciones olvidadas producto de la apatía y la persecución; que ha encendido el espíritu de la triestamen-

* Discurso pronunciado en el marco del Claustro Plenario Triestamental de la Universidad de Chile, realizado el 20 de julio de 2011 en esta universidad.

talidad; que ha motivado la creatividad, las nuevas formas de comunicar, de hacer política y de manifestarse y que ha sido capaz de legitimar el necesario empoderamiento de la sociedad en temas sobre los cuales había sido por décadas excluida o autoexcluida. Bastan estos elementos para permitirnos visualizar un importante paso en la proyección de algo mucho mayor que tan solo un movimiento estudiantil.

Del reconocimiento de la existencia de una crisis en el sistema educacional producto del insostenible endeudamiento, la jibarización de nuestras instituciones y la irracionalidad en la utilización de nuestros recursos al momento de ser utilizados para el enriquecimiento de terceros, pasamos a empatizar y a resignificar reivindicaciones históricas del movimiento estudiantil con vistas a la construcción de un modelo más justo, equitativo, democrático y de calidad, que ponga en su eje central el derecho a la educación y el rol del Estado para garantizarlo. Pero la crisis del modelo educacional tiene que ver con una crisis en la concepción del país que queremos construir y, a la vez, en la fórmula con la cual queremos construirlo.

La deslegitimación de la «clase» política, de una institucionalidad contrademocrática a estas alturas inservible, y el evidente deterioro del ejercicio cívico, no han podido dejar a nadie indiferente, ya que constituyen las limitantes para un posible avance en estas reivindicaciones. Somos muchas las voces y conciencias que, desde distintas posiciones ideológicas, nos hemos sentido descontentos con este sistema económico, político y social. Sin embargo, hemos podido alimentarnos con esperanza y alegría, porque la calle, los diversos encuentros, las redes sociales e incluso las familias en sus casas, se han puesto de pronto a hablar de educación y de política para demostrar un especial interés y rebeldía. Esta energía social, aireada y muy heterogénea, ha sido impulsada por una preocupación decisiva: la recuperación de la educación pública como derecho y como espacio de construcción democrática orientados a los intereses generales del saber y de la sociedad en su conjunto. Entendemos también que para lograrlo se requiere de una profunda renovación del sistema político democrático, que permita la dignificación del ser humano y sus condiciones materiales y culturales.

Hemos querido contraponer a la avaricia, a la desprotección social y a la soberbia de este sistema, el humanismo, la solidaridad nacional e internacional de nuestras luchas, la voluntad y la convicción de avanzar hacia un país más alegre y menos desigual.

Estamos dispuestos a devolverle a la política la transparencia, la honradez y la capacidad de tornarse legítima y necesaria en todos los ámbitos; por esto resulta imprescindible no solo buscar nuevas formas de democracia participativa para llevar la voz de la sociedad al ámbito de la política pública y avanzar conjuntamente hacia el desarrollo democrático y social, sino también volcarnos hacia nuestros espacios para avanzar en la materialización local de nuestras demandas, dentro de un proceso de construcción colectiva.

No olvidemos que si bien este sistema nos ha obligado a someternos a la ley del egoísmo y del *sálvese quien pueda*, nosotros —desde los principios y el compromiso cívico— tenemos en nuestras manos la capacidad de negar la injusticia, romper con el acomodo y la clásica resistencia al cambio. Para esto debemos llamarnos a una revisión de nuestra misma institución que, desde la visión y construcción colectivas, nos permita avanzar en aquellos cambios que promuevan un mejor trato hacia nuestra comunidad y un equitativo desarrollo de todos nuestros espacios del saber. Para esto se requiere el esfuerzo de todos ustedes, pero también de nuestros liderazgos, puesto que de nada vale dar la batalla externa si en casa tenemos un retorno desesperanzador.

Quizás sea este uno de los espacios más significativos en los cuales hemos podido encontrarnos durante las últimas décadas, donde recobramos la palabra y la voluntad, donde volvemos a vernos las caras para entender que la universidad se enriquece y se rejuvenece cuando funcionarios, académicos y estudiantes conviven sin entenderse como estamentos, sino como sujetos con sus particularidades y sus generalidades; cuando coinciden en la necesidad de abrir los espacios de expresión y de debate por un mejor destino de nuestra universidad, de nuestra educación y, por tanto, de nuestro país.

Estoy segura de que con estas síntesis clarificadoras podremos dar una señal al país de que lo público se evidencia en estos esfuerzos, en estas capacidades incomprables, que no caben en el bolsillo de nadie y mucho menos garantizan utilidades para engrosar la billetera de unos pocos. Esto es hacer universidad pública, y lo que emane de aquí es y será siempre patrimonio de la sociedad, no es para albergarlo en una biblioteca ni en los rincones de los anales de nuestra universidad, sino para que se traduzca en política pública, en avances concretos para nuestro pueblo.

Quiero terminar señalando que el apoyo, el esfuerzo y el compromiso de todos es más necesario que nunca. La verdad es que nada está escrito y muchas cosas parecen ser cada vez más posibles, pero necesitamos de la mirada honesta hacia nuestro futuro para no caer en ilusiones vagas. Necesitamos concretar nuestras victorias y proyectarnos de manera responsable hacia los cambios estructurales que el país requiere. Esperamos que todos volvamos a estar dispuestos para futuras batallas, porque nadie puede acelerar a su favor la rueda de la historia con un solo impulso.

¿Qué es lo que ya cambió en Chile?

Más allá de cuál sea el desenlace de las actuales movilizaciones, es necesario que empecemos a tomar conciencia de que en Chile a lo largo de estos últimos cuatro meses se ha configurado un cambio social profundo. El actual conflicto ha ido mucho más allá que un problema relacionado con la educación, pues ha remecido y cuestionado aspectos estructurales de la sociedad chilena.

Las movilizaciones han demostrado algo que muchos sectores vienen planteando desde el mismo retorno de la democracia: el contrato que nos impusieron para regular las relaciones sociales deja prácticamente sin ningún poder a la sociedad civil. Si Chile fuese un país realmente democrático no hubiera sido necesario llevar más de cuatro meses movilizados para dar respuestas a las demandas estudiantiles que alcanzan más de un 75% de respaldo popular.

La clase política en su conjunto está absolutamente cuestionada. El Parlamento binominalizado no ofrece las garantías para dar un debate representativo del sentir nacional; el Ejecutivo ha perdido toda legitimidad con un presidente con estándares de aprobaciones tan bajos que en otros países se traduce en salidas anticipadas del gobierno; el empresariado ve con desesperación cómo sus nichos de negocios y enriquecimiento han sido cuestionados por una movilización que exige sus derechos. Mientras tanto, un pueblo despierta y se moviliza en unidad tomando conciencia que sus derechos no se negocian.

Vivimos un despertar de la sociedad chilena. Anestesiada por más de veinte años bajo la amenaza de no exigir para no amenazar la estabilidad democrática alcanzada, dejamos de tener un norte al cual guiar nuestro desarrollo nacional. Sin mayor debate político que las vacías palabras de «superar el subdesarrollo» hoy debemos empezar a prepararnos para refundar Chile.

Está en nuestras manos, como sectores movilizados de la sociedad chilena, empezar a discutir y proponer cómo vamos a combatir las horrorosas desigualdades que día a día siguen aumentando; cómo vamos a ofrecer salud y educación digna al conjunto de la sociedad; qué haremos para que todos nos beneficiemos de la gran riqueza en recursos naturales que tiene nuestro país.

No sería responsable por parte nuestra delegar estas decisiones a sectores que planteen la inmovilidad social. Solo podemos confiar en quienes nos convoquen (o se sientan convocados) a iniciar en conjunto un proyecto participativo de transformación social. La historia nos indica que si no contamos con el conjunto del pueblo en la construcción de un proyecto nacional de desarrollo, lo más probable es que este termine beneficiando a los sectores tradicionalmente privilegiados que defenderán con toda la violencia posible sus fuentes de riqueza y poder.

Si Chile ya es distinto es porque nuestras movilizaciones generaron un cambio cultural en la sociedad chilena, pues esta quiere sentirse parte de la construcción del futuro de nuestra sociedad. Las asambleas ciudadanas florecen por todas partes, los temas de conversación en la mesa han cambiado, los medios

de comunicación que pretenden calumniar nuestras movilizaciones se han visto desprestigiados y han sido reemplazados
por las redes sociales como fuentes de información verídica y
oportuna.

Chile está viviendo un gran cambio generado al alero de
nuestras movilizaciones.

Rompiendo con los mitos
del neoliberalismo

Luego de seis meses de movilizaciones, extenuantes tomas de liceos y universidades e innumerables paros y marchas, cabe realizar un primer balance de lo realizado. Más allá del futuro del actual proceso, en estos meses se han develado un sinfín de profundas contradicciones dentro del sistema político y económico chileno, y se pueden realizar las primeras aproximaciones en torno a lo conseguido y lo que resta por conseguir.

El mito de Chile, ese que nos hablaba del crecimiento económico sostenido, de la pobreza en retroceso, de la estabilidad de las instituciones y del país «en vías de desarrollo», se ha fracturado luego de que los estudiantes saliéramos a las calles a exigir reformas estructurales en la educación; y es que si existe algún consenso entre todos los que hemos sido parte del proceso, es que nuestro país no estaba preparado para afrontar una de las movilizaciones más importantes que recuerde nuestra historia reciente.

De partida, el consenso tácito de una educación inclusiva y como herramienta de movilidad social, pilar fundamental de la educación en tiempos del neoliberalismo, se vino abajo.

El modelo chileno fue durante muchos años ejemplo de una educación «moderna», una educación que permitía ampliar la cobertura sin perder estándares de calidad y en donde las grandes mayorías de nuestro país podían aspirar a un aumento de su nivel de ingreso; pero lo que no se mencionaba era que el modelo educativo chileno no era sino un componente más del sistema neoliberal impuesto en Chile hace ya treinta años y que, por tanto, su desarrollo tenía por objetivo consolidar económica y socialmente este sistema imperante; consolidarlo económicamente a través del lucro en la educación superior y en la educación básica y media, a través de la fuga de fondos fiscales a la banca privada para cubrir la demanda, y a través de todos los mecanismos que impliquen la mercantilización del proceso educativo; pero —además de la consolidación económica—, el mito de la educación chilena se basa en la justificación social de su existencia y en mostrarse como la única alternativa de movilidad social en un sistema económico excluyente y que no permite la solidaridad.

Durante treinta años la justificación a las privatizaciones, a la pobreza y a la desigualdad, fue la esperanza del ascenso individual sustentado en el acceso a la educación superior. *Esforzarse para llegar a la universidad,* o *juntar plata para pagar la U,* fueron temáticas recurrentes en cada una de las familias chilenas que veían en sus hijos y en las infinitas posibilidades que les daba el mercado educacional, una oportunidad de dejar de ser lo que eran. Pero todo tiene su límite y los hechos hablan por sí solos.

El mito se comienza a derrumbar cuando ya no estamos todos seguros de que la educación permita movilidad social, cuando el colegio particular subvencionado ya no permitía ingresar tanto a la educación superior como aparentaba, cuando las deudas educacionales empezaron a absorber el ingreso familiar, cuando el cartón universitario se fue desvalorizando a propósito de un mercado desregulado y cuando ser un profesional dejó de ser, en parte, sinónimo de ganar plata.

Que estas movilizaciones hayan nacido a partir de los problemas educacionales no es casualidad, puesto que la educación es uno de los nudos centrales del sistema neoliberal, y cuando se empiezan a cuestionar una de las justificaciones centrales del sistema político-económico, es natural que el resto comience a tambalearse.

El problema entonces pasa de ser un problema gremial a un problema estructural. Las demandas de los estudiantes también pasan a ser demandas profundamente políticas, nos tachan de *sobreideologizados* y un sinnúmero de epítetos similares, pero ni el Ejecutivo ni el Parlamento entregan posibilidades de solución al conflicto. El problema, entonces, pasa a ser también un problema de la democracia en Chile.

Las instituciones políticas chilenas no habían sido puestas en jaque como lo son ahora en los veinte años de Concertación. La necesidad de la reconciliación nacional, la política de los consensos y el binominalismo parlamentario omitieron en todo este tiempo discutir problemáticas de fondo dentro de los límites de nuestra democracia. Mantuvieron un *statu quo* cómodo para ambas coaliciones y generaron los aseguramientos necesarios para que en esos años nada cambiara.

El llamado *relato concertacionista* bastó para mantener durante veinte años el sistema en una quietud al amparo de una transición a la democracia, pero no pudo hacerle frente a necesidad de transformaciones político-sociales que Chile necesitaba, y dejó el camino libre a la derecha y a Piñera para hacerse del gobierno.

Lo demás ya es conocido, el mito de la democracia chilena comenzó a desmoronarse cuando Chile se dio cuenta de que ni los veinte años de Concertación ni los que pudiera estar la derecha permitían que se resolvieran los problemas más urgentes de nuestro pueblo; que el problema entonces no era quién encabezara las instituciones democráticas, sino que siempre fueron estas instituciones democráticas el problema.

El mito de Chile se está cayendo a pedazos día a día, marcha a marcha, cacerolazo a cacerolazo. Los grandes consensos nacionales ya no son tan sólidos como antes y el pueblo se está dando cuenta de que hay posibilidades de un Chile distinto al que le presentaron en estos años de tiranía y Concertación. El pueblo de Chile se dio cuenta de que lo que le presentaban como verdad era solo un mito, y se está dando cuenta de que ese mito se llama neoliberalismo.

Seguiremos batallando por conseguir las justas demandas que las grandes mayorías necesitan y sabemos que aún nos queda mucho para conseguir los objetivos trazados como movimiento, pero por lo menos queda la satisfacción de haber ya conseguido calar hondo en el sentir nacional, de haber aportado como estudiantes a romper con los mitos que nos permitían pensar en un país distinto, y de haber aportado al comienzo de la Primavera del Pueblo de Chile.

Cuál es la demanda, dónde está el verdadero conflicto y por qué

Este movimiento, fruto de largos procesos de acumulación, maduración política y consolidación orgánica en el seno del mundo educacional, no solo ha logrado elaborar un diagnóstico que demuestra la triste realidad del sistema de educación chileno, sino que ha constatado en su origen y evolución una causalidad funcional a la reproducción y profundización de las desigualdades en nuestro país. Dado el rol que juega la educación, como parte de la superestructura social que actúa como una herramienta de transformación o reproducción material y cultural de las ideas de un modelo económico, social y político determinado, hoy día no caben dudas de que este es un sistema conscientemente perverso.

Hemos visto cómo la educación en Chile contribuye enormemente a la exclusión, a la segregación y a la segmentación social. La competencia como elemento movilizador de la calidad educativa, al echar a competir a los actores, ha terminado por eliminar toda posibilidad de que la red de prestadores pueda desarrollarse como un verdadero sistema y, por el contrario, ha llevado a su fragmentación. La sobrevaloración exacerbada de los métodos de evaluación estandarizados por encima de los procesos de formación, termina por evidenciar las enormes desigualdades de origen y por permitir la discriminación sobre esa base. La compartimentación de los contenidos en conocimientos útiles solo para el «emprendimiento», no permiten formar sujetos integrales y con capacidad crítica. El sesgo deliberado en la formación de los educandos los predestina a ser mano de obra barata del aparato productivo. La concepción de bien e inversión individual —en lugar de pública— en el momento de financiar la educación, permite que el costo de educar recaiga en cada familia, y sea finalmente su capacidad de pago lo que determine el ejercicio de su derecho a la educación.

Este modelo se encarga de la generación de un *imaginario sociocultural que promueve principios y valores propios del neoliberalismo*. Así se fomentan principios antiéticos como el individualismo, el consumismo, la apatía y el exitismo que, junto a aspectos económicos y jurídicos, generan las condiciones para legitimar una dominación ejercida por los sectores minoritarios que se benefician del sistema a costa de las grandes masas de trabajadores, pobladores y estudiantes que se ven perjudicados y arrastrados en una correa sinfín, donde son siempre ellos quienes asumen los costos a través del endeudamiento, la inestabilidad laboral, la subvaloración profesional y la cesantía. Mientras, llueven las utilidades de empresas que, sin producir ni innovar, lucran de manera muy conveniente con lo que en cualquier otro país es considerado un derecho.

Ante esta desgarradora realidad es que la demanda del movimiento estudiantil rápidamente hace eco en la mayor parte del mundo social, y se torna una cuestión eminentemente política. El movimiento estudiantil pone en disputa el rol que debe jugar la educación en el interior de la sociedad y, por ende, su relación con el mercado y el Estado. En este sentido, la recupe-

ración de la educación como un derecho y una inversión sociales, no es solo para generar movilidad social, sino para que «la
sociedad cuente con una institución dedicada a cuestionar y a
criticar objetivamente la estructura, el desempeño y la trayectoria política y social de sí misma»[1] a partir de la democratización
del conocimiento y la formación integral de todo su pueblo.

Esto último merece verdadera atención, dado que, ante la
actual complejidad de nuestra sociedad (donde existe la injusticia social, el aumento progresivo de las desigualdades, la
disminución generalizada de la calidad de vida, la violencia
estructural, el deterioro ambiental, la precarización laboral, etc.)
no podemos disponer de profesionales y técnicos con una visión
fragmentada y limitada solo a los conocimientos útiles para el
emprendimiento individual o colectivo, sino que debemos contar con sujetos y generaciones completas que cuenten con una
mirada integral y amplia ante la realidad nacional y mundial.
Solo así podremos afrontar la complejidad de los problemas
sociales y medioambientales que nos aquejan. En definitiva, se
trata de generar dispositivos contrahegemónicos al modelo de
mercado, que es el que aliena a nuestra sociedad y la condena a
la mantención de las desigualdades e injusticias actuales.

En este sentido, entendemos que el Estado —como institución con la responsabilidad de velar por el bien, la democracia, la
libertad y la justicia social— es el que debe proveer una educación pública que cubra todas las regiones y niveles de enseñanza, que eduque a todos los segmentos socioeconómicos sin
discriminación, que sea pluralista y asegure libertades mínimas encaminadas a la formación de seres humanos preparados

---

[1]   Patricio Meller: *Universitarios: ¡El problema no es el lucro, es el mercado!*,
Uqbar Ediciones, Santiago de Chile, 2011.

para el ejercicio democrático, tolerantes, críticos y responsables socialmente. Demandamos un sistema que no tenga como finalidad la acumulación de capital financiero a costa de los sueños de miles de familias, sino que tenga como finalidad hacer que el país cuente progresivamente con una mayoría de personas que, de manera crítica, se dediquen al trabajo científico, técnico, intelectual y artístico que requiere su desarrollo social, económico y cultural en igualdad de condiciones.

El conocimiento es nuestra principal herramienta para una posible emancipación social. Si no aseguramos el acceso al conocimiento integral y complejo de todos los ciudadanos, difícilmente el país alcanzará el desarrollo justo sino, por el contrario, seguirá manteniendo la inequidad que hace posible la apropiación del conocimiento por unos pocos que se valen de él para someter a las mayorías ignorantes.

Cuando entendemos que la demanda es mucho más que educación gratuita, de calidad y para todos, sino que se erige como posición contrahegemónica al modelo mercantil de educación, nos damos cuenta de que los que sustentan este último difícilmente estarán dispuestos a ceder y arriesgar así sus privilegios. Su modelo está amparado por posiciones profundamente ideológicas y por un «conveniente» ordenamiento de las relaciones de poder heredado de la dictadura militar. No por nada después de largos meses de movilización, el gobierno, con la complicidad de quienes durante treinta años mantuvieron el modelo, sigue repitiendo como disco rayado una propuesta de reforma que aparenta cambiarlo todo para finalmente no cambiarlo nada: un discurso (facilitado por los medios de comunicación) que muy hábilmente recoge nuestras demandas y las distorsiona para transformarlas en argumentos que reafirman la perpetuación y profundización del mercado de la educación con absoluta hegemonía.

¿Cómo es que si contamos con el apoyo de una mayoría de chilenos, si tenemos el respaldo de organismos y tratados internacionales, además del lapidario diagnóstico de un sistema donde es escandalosa la desigualdad y el abandono del Estado, es posible que nos encontremos hoy sin ningún avance sustantivo en la dirección de un cambio estructural? La verdad es que el problema comienza a visualizarse como algo que está más allá de lo meramente educacional y comienza a evidenciar un conjunto de sistemas que operan coordinadamente para el mantenimiento del modelo y sus relaciones de poder, donde la educación es solo una de sus tantas piezas.

Gilberto Valdés, filósofo cubano, en un reciente libro[2] reconoce que la explotación económica, el vaciamiento de la democracia representativa, la discriminación sociocultural, la enajenación mediático-cultural, y la depredación ecológica, entre otras, son parte de un conjunto de prácticas que permiten la exclusión social, la opresión política en el marco de la democracia formal, el mantenimiento de las élites en el poder, la concentración de los medios como forma de dominio del capital sobre la sociedad para la contrainsurgencia de alternativas que pongan en peligro su hegemonía, y la maximización de las ganancias de grandes empresas multinacionales e internacionales a costa del ser humano y su medio ambiente.

Según Valdés, todas estas prácticas dan cuenta de la existencia de un *Sistema de Dominación Múltiple* que comprende todas aquellas formas históricas y presentes de dominación en el ámbito económico, político, social, educativo, cultural y simbólico, donde *la hegemonía del capital termina siendo una praxis*

---

2   Gilberto Valdés: *Posneoliberalismo y movimientos antisistémicos*, Editorial de Ciencias Sociales, La Habana, 2009.

y un modo de pensamiento, de subjetividad que se elabora desde las matrices ideológicas de los dominadores. En definitiva, que los sistemas de dominación abarcan amplios aspectos de la vida diaria y que se reproducen metabólicamente en lo material y económico, pero también por medio de las relaciones culturales más mediadas.

Si revisamos la realidad chilena nos damos cuenta de que la profunda desigualdad que aqueja a nuestro país, y que se expresa en el ámbito educacional pero también en la salud, el trabajo, la vivienda y nuestro sistema democrático, es la consecuencia lógica de la aplicación de esta multiplicidad de formas de dominación que se consagraron de manera clara con los amarres de la dictadura como base fundamental para el mantenimiento del modelo neoliberal. De ahí que el sostenido crecimiento económico del país del cual se jactan todos nuestros políticos, acompañado de la focalización del gasto social propio de un Estado subsidiario, si bien ha reducido los niveles de pobreza e indigencia en el país, no ha logrado en más de treinta años disminuir los graves problemas de desigualdad e injusticias sociales, sino que, por el contrario, solo ha conseguido profundizarlos. Y es que con la imposición de un Estado neoliberal, la inversión, la producción y el aseguramiento de los derechos sociales de los ciudadanos quedaron relegados a los privados, y todo lo convirtieron en un mercado de intereses particulares. Aquí prima el desencuentro sobre la cooperación, el individualismo sobre la solidaridad, la competencia sobre la colaboración, y los bienes privados sobre los bienes públicos. Este modelo ha significado un gran retroceso en las conquistas democráticas que hicieron de lo público un valor fundamental para el desarrollo en igualdad de condiciones de nuestro pueblo. El sistema económico y político fue transformado para asegurar la mantención en el poder a un reducido grupo de familias y/o empresarios a través de la apropiación de nuestros recursos y medios de producción, tanto en el plano material como cultural, e inhibió toda posibilidad de desarrollo humano y soberano de las grandes mayorías.

Consciente o inconscientemente, este movimiento, en su proceso de análisis y deliberación, ha escarbado en los orígenes del *statu quo*, hasta toparse con el corazón del modelo más allá de su componente educacional. Ha concluido que va a ser imposible que exista solución estructural al conflicto con marchas en las calles o mesas de diálogo mientras el modelo no se erradique, porque no hay conciliación de clases posible cuando los que tienen mucho, si pueden parapetarse en los aparatos institucionales, jurídicos, políticos y electorales jamás van a dejar de creer que cada peso que tienen es merecido y que no les correponde entregarlo aunque provenga del lucro y del despojo vil de los derechos sociales.

El hecho esperanzador es que estas ideas hacen eco en todos los que nos vemos afectados por este modelo de «desarrollo» neoliberal: cada vez somos más los que nos reconocemos entre los despojados, ultrajados y perjudicados. Cada vez son más lo que abren los ojos para constatar que existen privilegios solo para unos pocos. Y así comienza a surgir la visión sistémica del problema y la necesidad de una mayor convergencia y activismo social. Este es el momento adecuado para compartir problemáticas y posiciones y para generar así las condiciones favorables a un desarrollo estratégico del movimiento. Esta es la oportunidad para que propiciemos el acercamiento entre diversas demandas y prácticas emancipatorias que hoy aparecen contrapuestas o no articuladas, y comencemos a erradicar los reduccionismos que predeterminan tareas, labores o ámbitos de acción a los distintos actores sociales como caminos separados o paralelos. Si no generamos una diversidad articulada, difícilmente podremos llegar a constituirnos como los futuros sepultureros de esta reproducción «natural» del modelo neoliberal.

Por eso es rol fundamental de este movimiento entenderse en su verdadera fuerza, que ya no reside solamente en su capacidad de presión, sino que es respaldada por la capacidad de propuesta y acción política. La sociedad civil, durante más de treinta años atomizada, desesperanzada, sin visión o perspectiva de futuro, ahora se expresa a través de sus organizaciones sociales y sindicales como una masa crítica con la inspiración y motivación suficientes para ser parte de la construcción de un modelo de sociedad distinto. Estamos ante una oportunidad histórica que nosotros mismos hemos generado y de la cual debemos hacernos cargo; una oportunidad que nos empuja a actuar en unidad a pesar de las diferencias; que nos obliga a disputar espacios, a articularnos a nivel a territorial. Debemos apostar por constituirnos en núcleos de generación de un ideario contrahegemónico, en espacios críticos de formación y promoción de valores antineoliberales que nos obliguen a entretejer una plataforma política y orgánica, articulada y multisectorial, que catalice la construcción de una verdadera alternativa al modelo neoliberal en nuestro país y que sea capaz de disputar el poder para llevarla a cabo.

El movimiento tiene condiciones para pasar de la crítica al modelo y del accionar testimonial y contestatario a la construcción estratégica y a la acción política efectiva, construyendo mayorías y dotando de viabilidad las propuestas, tensionando el aparato institucional desde dentro y desde fuera, aprovechando cada grieta o error de este cuidado andamiaje de contención social para derribar todo lo que deba ser trasformado.

Solo desde esta perspectiva de construcción será posible un nuevo modelo educacional, refundado desde sus bases para responder a otro sistema de desarrollo. Chile no va a transformar de raíz su educación si no enmarca esta lucha en una gran batalla por erradicar todo rezago autoritario, antidemocrático y mercantil de todo ámbito social, político y económico. La educación emancipadora, igualitaria y liberadora será un primer puente entre el pueblo y la construcción de su destino.

SER UN JOVEN COMUNISTA
Cinco textos para la juventud chilena
Pablo Neruda, Salvador Allende, Gladys Marín, Ernesto Che Guevara, Fidel Castro

«Los jóvenes deben también aprender a ser jóvenes, y esto no es tan sencillo [...] la vida, mientras más serios problemas nos propone, mientras más difícil sea el descubrimiento de nuestro camino, cuanto más grave sea el sentimiento de la injusticia social, más razones tenemos para sentirnos dignos de nuestra responsabilidad». —Pablo Neruda

80 páginas, 2012, ISBN 978-1-921700-42-2

MANIFIESTO COMUNISTA
Carlos Marx, Federico Engels
Prólogo de Armando Hart

Los comunistas consideran indigno ocultar sus ideas y propósitos. Proclaman abiertamente que sus objetivos solo pueden ser alcanzados derrocando por la violencia todo el orden social existente. Las clases dominantes pueden temblar ante una revolución comunista. Los proletarios nada tienen que perder en ella, más que sus cadenas. Tienen en cambio, un mundo que ganar. ¡Proletarios de todos los países, uníos!

58 páginas, 2012, ISBN 978-1-921700-46-0

CHILE: EL OTRO 11 DE SEPTIEMBRE
Una antología de reflexiones del golpe de Estado en 1973

Una antología de ensayos sobre el 11 de septiembre de 1973, fecha del golpe de Estado que derribó el gobierno democrático de Salvador Allende en Chile. Incluye una cronología del contexto chileno entre 1970 y 1973; y las palabras de Ariel Dorfman; de Joan Jara; de Beatriz Allende, y de Fidel Castro.

82 páginas, 2006, ISBN 978-1-920888-81-7

FASCISMOS PARALELOS
El golpe de Estado en Chile
Jorge Timossi

Los ataques terroristas a las Torres Gemelas, el 11 de septiembre de 2001, en Nueva York, motiva este volumen de Jorge Timossi donde reúne relatos, discursos y documentos jurídicos sobre otro momento dramático de la historia continental: el golpe de Estado contra el presidente chileno Salvador Allende en 1973.

273 páginas, 2007, ISBN 978-1-921235-11-5

OTROS TÍTULOS DE OCEAN SUR

CHE GUEVARA PRESENTE
Una antología mínima
Ernesto Che Guevara
Compilación y prólogo de David Deutschmann y Ma. del Carmen Ariet

Reúne escritos, ensayos, discursos y epistolario que revelan aristas sobresalientes del pensamiento teórico y práctico del Che acerca de la lucha revolucionaria, sus conceptos de cómo construir el socialismo en sociedades subdesarrolladas, su rol en la política exterior cubana y su solidaridad e internacionalismo.

453 páginas, 2004, ISBN 978-1-876175-93-1

NOTAS DE VIAJE
Diario en motocicleta
Ernesto Che Guevara
Prólogo de Aleida Guevara March / Compilación de Aleida March y Ma. del Carmen Ariet

Libro sugerente e inspirador de la película *Diarios de motocicleta*, donde el Che narra las aventuras y primeras reflexiones de su viaje iniciático por América Latina, realizado desde fines de 1951 hasta mediados de 1952 en compañía de su amigo Alberto Granado.

168 páginas + 24 páginas de fotos, 2004, ISBN 978-1-920888-12-1

FIDEL EN LA MEMORIA DEL JOVEN QUE ES
Fidel Castro

Este libro recoge, por primera vez en un solo volumen, los excepcionales testimonios que en contadas ocasiones el propio Fidel ha dado sobre su niñez y juventud. Incluye entrevistas sobre momentos claves de su infancia, su vida universitaria y sus primeros contactos con la realidad latinoamericana, así como fotografías poco conocidas.

183 páginas + 16 páginas de fotos, 2005, ISBN 978-1-920888-19-0

SOY UN FUTURO EN CAMINO
Escritos para niños y jóvenes
Ernesto Che Guevara
Compilación Daily Pérez y Disamis Arcia

En las páginas de este pequeño libro, llevados de la mano de Ernesto y a la vez del Che, se encuentran narraciones singulares de Nuestra América por medio de vivencias imborrables, resultado de sus viajes por el continente latinoamericano.

96 páginas ilustradas, 2011, ISBN 978-1-921438-85-1

OTROS TÍTULOS DE OCEAN SUR

ERNESTO CHE GUEVARA
Compilación y prólogo de Ma. del Carmen Ariet

Este volumen es útil para cualquier lector, pero fue pensado esencialmente para los jóvenes que identifican al Che como un ícono de rebeldía sin un conocimiento puntual de su desarrollo intelectual y revolucionario.

196 páginas, 2010, ISBN 978-1-921438-02-8

CARLOS MARX
Compilado por Julio Antonio Fernández Estrada

Carlos Marx fue un hombre del siglo XIX al que se le han atribuido fracasos y revoluciones del siglo XX. El Moro campeador que cambió las formas de pensar de los revolucionarios del mundo, ha sido tergiversado, reducido a dogma impracticable, en nombre del socialismo, y mal leído por los mismos enemigos burgueses que le siguen temiendo.

160 páginas, 2010, ISBN 978-1-921438-80-6

ROSA LUXEMBURGO
Compilado por Néstor Kohan

El nombre de Rosa, amada y admirada hoy por los jóvenes más radicales y combativos de todo el mundo, es símbolo de rebeldía y revolución. Cuando ya nadie se acuerda de los viejos jerarcas de la socialdemocracia europea del siglo XIX, el pensamiento de Rosa continúa generando polémicas.

133 páginas, 2006, ISBN 978-1-920888-60-2

ANTONIO GRAMSCI
Compilado por Néstor Kohan

La influencia de las reflexiones de Gramsci alcanza una dimensión mundial: abarca no solo al pensamiento de la izquierda revolucionaria, sino también a numerosas corrientes como la teología de la liberación o la educación popular, varias disciplinas como la crítica cultural, la historiografía de las clases subalternas, la sociología de los procesos políticos, y la lucha de las nuevas generaciones por «otro mundo posible».

132 páginas, 2008, ISBN 978-1-920888-59-4

OTROS TÍTULOS DE OCEAN SUR

AMÉRICA, MI HERMANO, MI SANGRE
Un canto latinoamericano de dolor y resistencia
Pablo Neruda y Oswaldo Guayasamín

En este volumen dialogan las obras de dos de los más sobresalientes creadores de América Latina: el poeta chileno Pablo Neruda y el pintor ecuatoriano Oswaldo Guayasamín. Los versos de *Canto General*, creación magistral de Neruda, se enlazan esta vez con los elocuentes trazos del artista plástico.

123 páginas + 93 imágenes en colores, 2006, ISBN 978-1-920888-73-2

POESÍA COMO UN ARMA
25 poetas con la España revolucionaria en la Guerra Civil
Selección y prólogo Mariano Garrido

Es esta una antología de 25 poetas revolucionarios españoles y latinoamericanos que lucharon por la causa republicana durante la Guerra Civil española. Poetas que pusieron su pluma al servicio de la vida: contra el fascismo, por la defensa de la causa popular, y en muchos casos, por la revolución.

218 páginas, 2009, ISBN 978-1-921235-96-2

FUSILES Y PALOMAS
Selección de poesía revolucionaria de nuestra América
Selección y prólogo de Lidoly Chávez

Fusiles y palomas es un mapa poético de América Latina. En las páginas de esta antología habitan las más relevantes voces que han apostado, en vida y obra, por el camino de la revolución desde diversas geografías y momentos históricos.

39 páginas, 2009, ISBN 978-1-921438-59-2

GUERRA Y REVOLUCIÓN EN ESPAÑA
Valeria Ianni

Un viaje al pasado español, que devuelve la vigencia de la gesta revolucionaria y la Guerra Civil vivida por su pueblo en la década de los treinta, en el umbral de la Segunda Guerra Mundial. La autora de este volumen rescata del olvido la lucha tenaz a favor de la causa republicana y la alianza solidaria contra el fascismo, a la que se hermanaron muchos países del orbe, poco después del ascenso de Adolfo Hitler al gobierno de Alemania.

142 páginas, 2008, ISBN 978-1-921235-80-1

PERSPECTIVAS DEL SOCIALISMO LATINOAMERICANO EN EL SIGLO XXI
Nayar López Castellanos

El autor realiza un recorrido panorámico por la historia del pensamiento socialista, se detiene en la experiencia soviética, en el auge y la caída del socialismo real, así como profundiza en las rutas reivindicativas en torno a las cuales el socialismo se piensa, se discute y se perfila en América Latina y el Caribe en el siglo XXI.

136 páginas, 2011, ISBN 978-1-921700-33-0

LO LATINOAMERICANO EN EL MARXISMO
Mely González

El concepto y desarrollo del socialismo en América Latina está marcado por los proyectos de justicia que han delineado los movimientos sociales y políticos, por la práctica real de la transformación revolucionaria de sus pueblos —que se organizan hoy a nivel regional en diversas formas—, y por el agotamiento cada vez más evidente de las alternativas que el capitalismo muestra para salir de la crisis global.

31 páginas, 2011, ISBN 978-1-921700-30-9

LOS MOVIMIENTOS SOCIALES POPULARES Y EL SOCIALISMO LATINOAMERICANO
Gilberto Valdés

De las alternativas políticas antineoliberales y de los pequeños, continuos y diversos saltos que demos hoy en nuestras luchas cotidianas y en nuestras visiones de sociedad, emergerá el salto cultural-civilizatorio que nos coloque en esa deseada perspectiva histórica que rescatará y dignificará al socialismo en el siglo XXI.

29 páginas, 2011, ISBN 978-1-921700-32-3

MUJERES Y HOMBRES DE LA NUEVA ÉPOCA
Georgina Alfonso

Ante la necesidad de fortalecer la unidad de acciones, sentidos políticos y éticos de la gran diversidad de actores involucrados, aparece la interrogante: ¿podemos desde la cotidianidad excluyente, dominadora y depredadora, pensar, hacer y desear sentidos de vidas colectivos, solidarios, justos y humanos? Las mujeres y hombres de nuestros tiempos tienen ante sí el desafío de construir un nuevo proyecto para una nueva época.

21 páginas, 2011, ISBN 978-1-921700-31-6

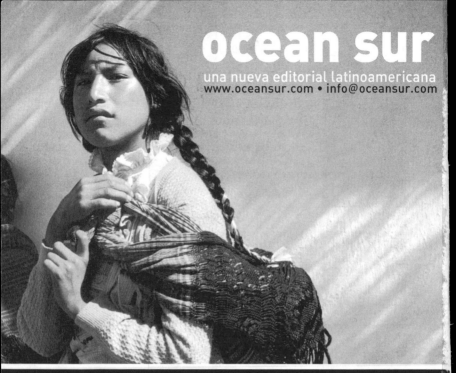

ocean sur

una nueva editorial latinoamericana
www.oceansur.com • info@oceansur.com

Ocean Sur es una casa editorial latinoamericana que ofrece a sus lectores las voces del pensamiento revolucionario de América Latina de todos los tiempos. Inspirada en la diversidad étnica, cultural y de género, las luchas por la soberanía nacional y el espíritu antiimperialista, ha desarrollado durante cinco años múltiples líneas editoriales que divulgan las reivindicaciones y los proyectos de transformación social de Nuestra América.

Nuestro catálogo de publicaciones abarca textos sobre la teoría política y filosófica de la izquierda, la historia de nuestros pueblos, la trayectoria de los movimientos sociales y la coyuntura política internacional.

El público lector puede acceder a un amplio repertorio de libros y folletos que forman parte de colecciones como el Proyecto Editorial Che Guevara, Fidel Castro, Revolución Cubana, Contexto Latinoamericano, Biblioteca Marxista, Vidas Rebeldes, Historias desde abajo, Roque Dalton, Voces del Sur, La otra historia de América Latina y Pensamiento Socialista, que promueven el debate de ideas como paradigma emancipador de la humanidad.

Ocean Sur es un lugar de encuentros.